Käthi Knauth

# Kurzhaarkatzen

Für die Freunde der kurzhaarigen Schönen

Mit 20 Farbfotos auf Kunstdrucktafeln
und 17 Abbildungen im Text

Lehrmeister-Bücherei Nr. 888
Albrecht Philler Verlag · 4950 Minden

**Bildnachweis**

Titelbild: Najade vom Angorahof ist eine besonders schöne Vertreterin der Europäisch Kurzhaarkatzen Schildpatt mit Weiß. Die ausdrucksvollen Augen und die sehr gute Farbverteilung sichern ihr einen Platz in den ersten Reihen der Katzen-Gesellschaft (Besitzer sind Anastasia und Lucian Harazim, Edelkatzen-Zwinger von Katschalin)
Farbfoto: Käthi Knauth

Lorenz Klever: Abb. 3, 6
Weltweit: Abb. 4, 5, 8

Alle übrigen Abbildungen von Käthi Knauth


Satz und Druck: Albrecht Philler Verlag, Minden
Bindearbeiten: Heinrich Altvater KG, Minden-Todtenhausen
ISBN 3 7907 0888 7
28265

## Inhaltsverzeichnis

Dieses Buch
habe ich besonders für meinen jüngsten
Sohn Alexander geschrieben,
der alles liebt, was kreucht und fleucht.
Möge diese Tierliebe ihn sein
ganzes Leben begleiten.

## Vorwort

Für einen Menschen, der Katzen liebt, ist es eine beglückende Aufgabe, über diese zauberhaften Geschöpfe schreiben zu dürfen. Dabei spielt es für einen Katzenfreund keine Rolle, ob von edlen Tieren mit ellenlangem Stammbaum die Rede ist oder von der „ganz normalen Hauskatze“, denn Rasse haben sie alle. Erfreulicherweise gewinnt die Europäische Kurzhaar-Katze, eine Züchtungsform der Hauskatze, immer mehr Interesse.

Mit diesem Buch soll nun nicht die Reihe der zum Teil großartigen wissenschaftlichen Werke über die Katze erweitert werden. In den folgenden Kapiteln möchte ich die verschiedenen Kurzhaar-Katzen vorstellen, möchte Ihnen vom Wesen, von der Haltung und Pflege, von der gesunden Ernährung und auch ein bißchen von der Geschichte unserer samtpfötigen Lieblinge erzählen.

Mein ausdrücklicher Wunsch ist es dabei, mehr Verständnis für Katzen überhaupt zu wecken, leider immer noch bestehende Vorurteile abzubauen und zu zeigen, welch liebenswerte Hausgenossin die Katze sein kann, wenn man sie richtig behandelt.

Laatzen, 1980 Käthi Knauth

## Katzengeschichte

Viele tausend Jahre nach anderen Tieren – Hund, Schaf und Rind zum Beispiel – entdeckte der Mensch die Katze. Und nicht wie diese anderen Tiere kam sie als Haustier, sie erschien als Göttin, wurde verehrt, geliebt und angebetet. In Ägypten galt die Katze als die gestaltgewordene Himmelsgöttin, wer eine Katze tötete war selbst des Todes. Starb eine Katze ohne Gewalteinwirkung, so wurde getrauert, als wäre ein lieber Mensch gestorben.

Über ein paar Jahrhunderte hinweg genoß die Katze auch göttliches Ansehen bei den Germanen. Hier galt sie als Begleiterin der Göttin Freya. Das war vor der Zeit des Christentums – danach kam das genaue Gegenteil. Die Katzen wurden als Verbündete des Satans betrachtet. Sie waren – besonders mit schwarzem Fell – schlichtweg die Verkörperung des Bösen. Dementsprechend wurden sie verfolgt, gequält, getötet.

Lange bekannt sind Katzen in China, von dort gelangten sie nach Japan. „Mao" hieß die Katze in China.

Katzen sind von der Abstammung her Raubtiere. Ihre direkten Vorfahren sind Wildkatzen wie die Falbkatzen, die indischen Steppenkatzen und die kaukasischen Wildkatzen.

Besonders die afrikanische Falbkatze wird als Stamm-Mutter unserer Hauskatzen angesehen. Ihr ähneln die heutigen Tiere stark, mehr als zum Beispiel der europäischen Wildkatze mit dem gleichbleibend dicken Schwanz.

Eine Reihe sehr hübscher Legenden rankt sich um die Katzen. Da gibt es zum Beispiel die Geschichte vom ausgesprochenen Katzenfreund, dem Propheten Mohammed, der seiner Katze Muessa dreimal über den Rücken strich – seit dieser Zeit sollen Katzen beim Fallen stets auf den Pfoten landen. Mohammed soll in seiner Katzenliebe so weit gegangen sein, daß er kein Haus betrat, in dem ein Hund gehalten wurde. Aus dem Morgenland stammt die Sage, daß die ersten Katzen mit einem Niesen der Löwin auf der Arche Noah zur Welt kamen. Damals sollen sich die Tiere auf der Arche über das Unwesen von Ratten und Mäusen beklagt haben – die Katzen waren die Rettung.

Interessant dürfte vielleicht noch sein, daß Hauskatzen in Nordamerika erstmalig 1626 in Erscheinung getreten sind. Europäische Einwanderer hatten sie mitgebracht und sie waren hochbezahlte Kostbarkeiten, genau wie in Süd- und Mittelamerika. Heute sind die USA ein Eldorado für Rassekatzen – und das ist keine Legende.

## Das Verhältnis Mensch – Katze

Früher gehörte die Katze zu älteren Menschen, wer jung und aktiv war, hatte einen Hund. Dementsprechend wurde die Katze auch oft eingestuft: sie hockte hinter dem Ofen und spann, sie saß schwarz und mystisch neben der Wahrsagerin, sie lag zu Füßen der lieben Großmama auf einem Bänkchen. Es gibt noch genug Bilder, die diese Vorstellung deutlich machen.

Aber wo sind die Hunde, die imposanten Gefährten des Menschen, geblieben? Aus dem Straßenbild von heute sind die großen Rassen fast verschwunden. Katzen sehen wir zwar auch nicht überwältigend oft auf der Straße, desto mehr finden wir sie in den Haushalten. Die Katzen sind auf dem besten Wege, den Hund aus seiner einstigen Vorrangstellung zu verdrängen. Statistiken haben gezeigt, daß beim gegenwärtigen Stand sich beide Tierarten in etwa die Waage halten.

In diesem Zusammenhang hat sich das „Image" der Katzen von Grund auf gewandelt. Immer mehr junge Leute holen sich eine Samtpfötige ins Haus, häufig sind es Studenten oder „AZUBIs". Fragt man, warum gerade eine Katze, so bekommt man die verschiedensten Antworten. Der eine möchte einfach etwas Lebendiges in unserer Welt der Technik haben, das keine großen Ansprüche stellt. Der andere liebt den eigenständigen Charakter der Katze. Dem nächsten gilt sie als ein Stückchen Natur im Streß unserer Leistungsgesellschaft. Praktische Erwägungen, daß die Katze zum Beispiel als Mäusefängerin eingesetzt werden soll, sind selten. Jedenfalls in der Stadt und deren sich immer mehr ausdehnenden Satellitensiedlungen. Generell heben alle Katzenbesitzer oder solche, die es werden wollen, hervor, daß die Sauberkeit der Tiere sie anspricht. Ja, manchmal sieht man direkt eine Bestätigung des eigenen selbständigen und gefestigten Charakters darin, daß man sich eben eine Katze zulegt, die bekanntlich

Abb. 1 Auch diese ganz „normale“ graugetigerte Hauskatze ist eine Individualistin – wie alle Katzen

ihren eigenen Kopf hat und diesen auch durchzusetzen versteht. „Man“ kann es sich halt leisten, etwas Individuelles neben sich zu haben.

Natürlich muß es gerade bei jungen Menschen, die noch in der Ausbildung stehen und nicht gerade über Reichtümer verfügen, keine teure Rassekatze sein. Oder wenn, dann ein sogenanntes Liebhabertier, das nicht ganz so kostspielig in der Anschaffung ist. Wirkliche Katzenfreunde wissen, daß unsere Hauskatze in nichts an Charme und Reiz hinter ihren Schwestern mit dem „blauen Blut“ zurücksteht. Oft sind es gerade Katzenzüchter, die Spaß daran haben, neben ihrer edlen Zucht eine ganz normale Hauskatze zu halten. Frau Dr. Wolff, die bekannte Verhaltensforscherin, sagte einmal in einem Gespräch zu mir, daß sie es verlockend findet, die Resultate der alles andere als geplanten Paarung zu sehen, weil damit immer wieder Überraschungen verbunden sind. Allerdings – und das betonte sie ausdrücklich – kann man solche

“Ergebnisse“ in Gestalt junger Kätzchen nur wünschen, wenn man für die kleinen Dinger auch liebevolle Abnehmer weiß.

Zu Katzen muß man ein besonderes Verhältnis haben. „Mit einem Hund ist man verheiratet, mit einer Katze hat man eine Liaison“ – daran ist viel Wahres. Katzen sind keine Kompromißtiere, zu ihnen muß man „ja“ oder „nein“ sagen. Ein Mittelding gibt es nicht. Wer einen treuen Diener um sich haben möchte, der auf's Wort gehorcht, der sollte sich keine Katze anschaffen, sondern einen Hund. Eine Katze ist fähig, eine zärtliche Zuneigung zu ihrem Menschen zu entwickeln, sie erwartet aber auch, daß ihre Eigenheiten respektiert werden. Für Katzenfreunde ist es gerade diese Eigenständigkeit, die so anziehend ist. Wenn eine Katze zärtlich ist, so ist sie es ausschließlich aus freien Stücken – deshalb hat ihre Zuneigung besonderen Wert.

Zu ihren innigsten Verehrern aus Vergangenheit und Gegenwart gehören u.a. Cardinal Richelieu, George Washington, Peter der Große, Lord Chesterfield, Tasso, La Fontaine, Baudelaire, Chateaubriand, Albert Einstein, Napoleon, Lenin, Winston Churchill, Peter Frankenfeld und Gracia Patricia von Monaco. Adolf Hitler mochte keine Katzen . . . Künstler ziehen häufig die Gesellschaft einer Katze der des Hundes vor.

Kein anderer als Mark Twain sagte: „Unter sämtlichen Geschöpfen Gottes gibt es nur eines, das nicht zum Sklaven der Peitsche gemacht werden kann. Dieses Geschöpf ist die Katze. Wenn der Mensch mit der Katze gekreuzt werden könnte, würde der Mensch verbessert, die Katze aber verschlechtert.“ Wenn das kein Kompliment an die Samtpfötigen mit dem eigenen Charakter ist . . .

## Katzen-Ausstellungen

Katzen-Ausstellungen und Katzen-Ausstellungen sind ein großer Unterschied – das muß man als erstes zu diesem Thema wissen. Auf der einen Seite gibt es die Ausstellungen, die besser als „Verkaufsschauen" deklariert würden, denn dort geht es lediglich darum, möglichst viele Katzen an den Mann zu bringen. Seriöse Züchter-Verbände distanzieren sich energisch von derartigen Unternehmen und würden niemals eine Katze aus ihren Reihen dort vorstellen. Katzen-Ausstellungen, die im Gegensatz zu diesen kommerziellen Schauen stehen, könnte man eher als "Schönheitswettbewerb" bezeichnen. Nur an einem geringen Prozentsatz der Käfige hängt das Schild „verkäuflich", und meist ist es außerdem üblich, die abzugebenden Katzen nicht gleich an Ort und Stelle den Besitzer wechseln zu lassen, sondern erst ein paar Tage später. Auf diese Weise haben beide Teile noch einmal Zeit, die Angelegenheit zu überdenken. Bei Katzen-Ausstellungen neigt mancher nämlich zu einem Spontankauf, weil die Tiere einfach hinreißend schön sind. Tiere, die auf Verkaufsschauen erstanden wurden, erwiesen sich zum Beispiel als krank, zum Teil sind sie neurotisch (da ausschließlich Zwingerhaltung auf engstem Raum in den sogenannten Katzenfabriken an der Tagesordnung ist). Jedenfalls hatten die frischgebackenen Katzenbesitzer nicht die Freude an ihrem Erwerb, die sie erwartet hatten und erwarten durften.

Gute Katzen-Züchterverbände haben genaue Regeln aufgestellt, nach denen die Ausstellungen vor sich gehen. Die Dauer der Veranstaltungen beträgt ein oder zwei Tage. Jede Katze, die teilnimmt, wird in einem Katalog erfaßt. Es dürfen nur gesunde Tiere ausgestellt werden, rollige Katzen dürfen nicht teilnehmen, auch wenn sie angemeldet sind. Die Anmeldungen müssen bis zu einem bestimmten Termin erfolgen, letzte Einzelheiten erfahren Interessenten jeweils bei dem Katzen-Zuchtverband, der als Veranstalter zeichnet. Ich möchte hier nur als Beispiel den 1. DEKZV (Verband für alle Katzen) herausgreifen, der der FIFE (Fédération Internationale Feline) angeschlossen ist. Dieser Organisation gehören Verbände in Österreich, Australien, Belgien, Brasilien, CSSR, Dänemark, Spanien, Finnland, Frankreich, Holland, Ungarn, Italien, Norwegen, Schweden und der Schweiz an. Weitere Länder – wie Singapur und Neuseeland – streben die Mitgliedschaft an. Die in der FIFE zusammengeschlossenen Verbände haben sich zum Ziel gesetzt, die Katze im allgemeinen zu fördern, unabhängig davon, ob es sich um Haus-, Wild- oder Edelkatzen handelt. Die Ausstellungsregeln – die in etwa auch für die übrigen seriösen Katzen-Züchterverbände Gültigkeit haben – sehen so aus:

**Jungtiere** zwischen mindestens drei und höchstens zehn Monaten werden in der Jugendklasse ausgestellt. Dabei werden die Katzen unterteilt in drei bis sechs Monate und sechs bis zehn Monate.

**Wurfklasse** bedeutet, daß ein Wurf von wenigstens drei Kätzchen im Alter zwischen acht Wochen und drei Monaten ausgestellt werden darf (mit oder ohne Muttertier).

Die **Offene Klasse** umfaßt alle Tiere, die über zehn Monate alt sind. In dieser Klasse wird als beste Bewertung das CAC (Certificat d'Apitude de Championat) vergeben.

Erhält ein Tier von drei verschiedenen anerkannten Richtern das CAC, so kann es am Wettbewerb in der Champion-Klasse teilnehmen. Hier ist CACIB (Certificat d'Aptitude de Championat Internationale de Beauté) das Höchste. Konnte eine Katze auf drei internationalen Ausstellungen von wieder drei verschiedenen Richtern so eingestuft werden, hat sie die Internationale Champion-Klasse erreicht und ist damit – für den Züchter – am Ziel aller Wünsche.

Kastrierte Tiere gehören bis zu zehn Monaten in die Jugendklasse der Kastraten, danach in die Kastratenklasse, die der Offenen Klasse entspricht. Vergeben wird hier das CAP.

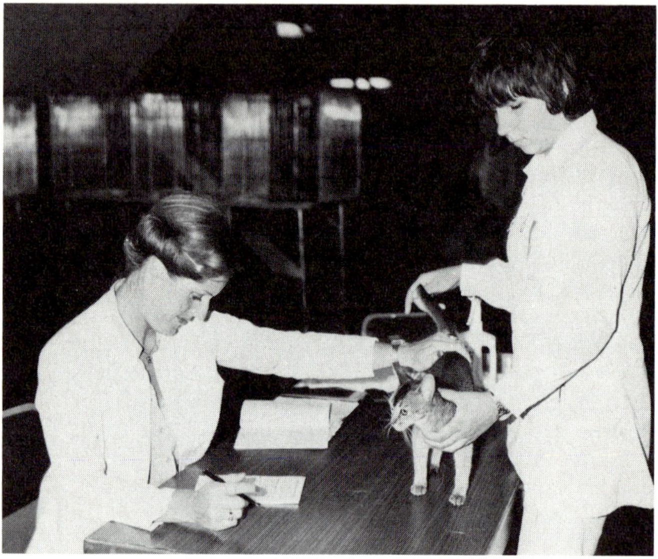

Abb. 2 Vor die Siegerehrung ist nun mal das Richten gestzt. Auf einer Ausstellung des 1. DEKZV.

Wer dreimal CAP einstreichen konnte, gelangt in die Premiorenklasse, die wiederum nach dreimaligem Erringen des CAPIB zur Internationalen Premiorenklasse führt. Wird ein Champion oder Internationaler Champion später kastriert, so behält er seinen Titel als Bestandteil seines Namens. Er bekommt jedoch nicht automatisch den gleichen hohen Stand in der Premiorenklassifizierung, sondern muß hier erst wieder neu an Ausstellungen teilnehmen und ausgewählt werden.

Vorgestellte Tiere in den Klassen Internationaler Champions bis zur Jugendklasse (einschließlich Premioren-Klassen) müssen von den Richtern Qualifikationen erhalten, soweit sie diese verdienen. Die Punktwertung bei einem Minimum von

88 Punkten: Vorzüglich
76 Punkten: Sehr gut
61 Punkten: Gut
46 Punkten: Ziemlich gut

Ein CAC in der Offenen Klasse wird nur erteilt, wenn die betreffende Katze ein Vorzüglich mit mindestens 93 Punkten erreicht hat. CACIB bekommt eine Katze nur, wenn sie mit Vorzüglich in der Championklasse abgeschnitten hat und mindestens 95 Punkte erzielte. Die gleichen Regeln gelten für die Premiorenklassen. 100 Punkte sind jeweils Maximum. Daneben gibt es aber auch noch Preise, Kokarden, Wimpel, Ehrenpreise und Schleifen für z.B. Best in Show (Langhaar und Kurzhaar, männlich und weiblich), für den besten Wurf oder für bestimmte Varianten, die vom Spender ausgesucht werden.

Am ersten Tag einer Ausstellung steht das Richten im Brennpunkt des Interesses. Doch für diejenigen, die besonders gut abgeschnitten haben, hört das Herzklopfen dann am zweiten Tag auch noch nicht auf: Wer wird Best in Show?

Gute Katzen-Ausstellungen sind auch für alle eine umfassende Informationsquelle, die sich eine Katze anschaffen wollen. Hier läßt es sich wunderbar vergleichen, man kann mit den Züchtern sprechen und auch mit den Richtern. Dabei erhält man oft ein vollkommen neues Bild von „seiner" Traumkatze. Den Reiz des Selbstausstellens lernt übrigens, wie Sie aus diesem Kapitel ersehen, nicht nur der kennen, der züchtet. Da auch Kastraten in die Reihe der Schönheitskonkurrenz eingegliedert werden, hat der Besitzer eines einzelnen kastrierten Tieres ebenso gut eine Chance.

Abfinden sollte man sich jedoch von vornherein damit, daß nicht jeder zu den Siegreichen zählen kann. Hier machen Katzen-Ausstellungen keine Ausnahme – Erster wird immer nur einer. Ein gutes Quentchen Glück gehört außer allen guten Eigenschaften des Tieres noch dazu, bis in die Spitze vorzurücken. Richter sind nur Menschen, der eine findet zum

Beispiel eine etwas dunklere Schattierung im Fell schöner, der andere bewertet aus seiner Sicht die zarteren Nuancen höher. Für den wirklichen Katzenliebhaber spielt es im Grunde keine große Rolle, ob sein Tier auserwählt wurde oder nicht (Bei Züchtern sieht es etwas anders aus).

Ich meine, die Katze, die unser Leben teilt, ist für uns selbst immer am allerschönsten, allerliebsten und überhaupt die Einzige. Wer von sich weiß, daß sein Ehrgeiz eine „Niederlage" nur schwer verkraftet, sollte gar nicht erst zur Ausstellung gehen, jedenfalls nicht als Aussteller!

In Essen wurde vor kurzer Zeit die erste Richter-Schule gegründet. Ins Leben gerufen wurde sie vom Vorstand des 1. DEKZV, des größten Katzen-Verbandes in der Bundesrepublik. Das Ziel dieser neuen Institution ist es, die Bewertung der Katzen auf den Ausstellungen durch die jeweiligen Richter noch stärker als bisher auf einen gemeinsamen Nenner zu bringen.

## Wenn man eine Katze ins Haus holen will

Meistens denkt man sicher an ein knuddeliges Katzenbaby, möglichst mit Stammbaum, wenn man sich mit der Anschaffung einer Katze befaßt. Doch das ist nicht der einzige Weg – wirklich nicht. In manchen Fällen ist es bestimmt besser, sich für eine ausgewachsene Katze zu entscheiden. Zum Beispiel dann, wenn ein älterer Mensch eine vierbeinige Gesellschafterin haben soll. Einmal sind Katzenkinder nun mal von Natur aus rechte Wirbelwinde voller Temperament und zum anderen haben Katzen eine relativ hohe Lebenserwartung. Sie können gut und gern über 15 Jahre alt werden. Ich habe es mehr als einmal erlebt, wie sehr ältere Menschen von dem Gedanken belastet wurden: Was wird aus meinem Tier, wenn ich nicht mehr da bin? Gehen aber Mensch und Tier gemeinsam ihrem Lebensabend entgegen, löst sich dieses Problem naturgemäß leichter.

Ältere Katzen gewöhnen sich an ihren neuen Menschen, wenn sie liebevoll behandelt werden. In den Tierheimen gibt es oft Hauskatzen, die wirklich dankbar sind, wenn sie ein Zuhause finden. Sie beweisen diese Dankbarkeit durch rührende Anhänglichkeit, besonders, wenn sie ein schweres Schicksal hinter sich haben. Nur leider gibt es nicht allzu viele Menschen, die sich eine ausgewachsene herrenlose Katze holen – sie wollen halt alle am liebsten Babys haben. Auch in den Tageszeitungen wird häufig in der Rubrik „Tiermarkt“ inseriert, daß ältere Katzen abzugeben sind. In allen diesen Fällen liegen die Anschaffungskosten sehr niedrig im Gegensatz zu Rassekatzen mit Stammbaum. Aber auch bei Rassekatzen muß man nicht unbedingt ein Jungtier kaufen. Manche Züchter trennen sich von einer älteren Katze, weil sich diese unter dem „jungen Volk“ nicht mehr wohlfühlt und lieber ihre Ruhe haben möchte – eben als Einzeltier bei einem neuen Besitzer. Das kann sowohl auf weibliche Tiere wie auf

Kater zutreffen. Für Katzenfreunde, die nicht züchten wollen, spielt es eigentlich auch keine Rolle, ob sie einen „Er“ oder eine „Sie“ anschaffen.

Die Meinung, eine Kätzin sei anschmiegsamer als ein Kater, ist längst überholt. Es gibt hinreißend liebevolle männliche Tiere und Weibchen, die kratzbürstig und gar nicht zärtlich sind. Katzen sind Individualisten, bei ihnen finden wir ebenso viel Charakterunterschiede wie beim Menschen zum Beispiel. Auf die Eigenheiten der einzelnen Kurzhaarrassen werden wir an anderer Stelle ausführlich eingehen, aber in irgendein festes Schema „so ist die eine und so die andere“ kann man Katzen auf gar keinen Fall pressen. Das würde jede Schablone sprengen! Gut ist es, wenn man sich die Elterntiere genau anschaut (bei Rassekatzen ist das nicht so problematisch, wenigstens die Mutter ist ja in den meisten Fällen vorhanden). Auf die Formel „sanfte Mutter gleich sanftes Kind“ sollte man sich trotzdem nicht unbedingt verlassen. Wer „Ja“ zu einer Katze sagt, sagt auch „Ja“ zu den Eventualitäten, die da auf ihn zukommen und muß bereit sein, seine schöne Freundin so zu akzeptieren, wie sie ist. In jedem unschuldig blickenden Kätzchen – mag es noch so himmelblaue Augen haben – schlummern die ererbten Gene etlicher Generationen und was davon eines Tages durchbricht, kann vorher wirklich nicht genau vorausgesagt werden.

Wer aber eine Katze wünscht, die sich nur in der Wohnung aufhält, sollte keine wählen, die vielleicht früher freien Auslauf nach draußen hatte. Das Tier würde sich schwer an die neuen Bedingungen gewöhnen und immer wieder versuchen, den altbekannten Spaziergang auf eigene Faust zu unternehmen.

Wer seiner Katze erlauben kann, daß sie im freien Revier herumspaziert, muß damit rechnen, daß sie ihm auch ihre Beute präsentiert. Wen der Anblick einer toten Maus auf dem Wohnzimmerteppich oder eines jungen Kaninchens hinter der Couch (kommt gar nicht so selten vor, wenn man etwas außerhalb der City wohnt) zu Ohnmachtsanfällen inspiriert, sollte seine Katze besser nicht nach draußen lassen.

Ganz wichtig ist die Überlegung, ob es unbedingt eine Rassekatze sein soll. Alle heutigen Katzenrassen stammen letzten Endes von der Hauskatze ab, das sollten wir nie vergessen. Gerade in der Gegenwart gewinnt die ganz normale Feld-, Wald- und Wiesenkatze immer mehr Freunde. Der Mensch hat endlich erkannt, wie unendlich reizvoll diese Tiere sind. Die Europäische Kurzhaar-Katze ist im Grunde auch eine Hauskatze, nur durch einige Generationen hindurch gezielt gezüchtet. Sie hat aber von allen Rassekatzen immer noch die größte Ähnlichkeit mit den frei lebenden und liebenden Tieren.

Nehmen wir an, Sie möchten ein Katzenkind erstehen. Am besten suchen Sie verschiedene Züchter der von Ihnen gewünschten Rasse auf und sehen sich die Würfe an. Seriöse Züchter haben volles Verständnis dafür, daß Sie vor dem Kauf Umschau halten, ja sie raten Ihnen sogar dazu. Denn ihnen liegt am Herzen, daß ihre Jungtiere nur in gute Hände gelangen und im neuen Heim wirklich genau das sind, was sich der künftige Besitzer vorgestellt hat. Lassen Sie beim Kauf bitte auch die kleine Katze mitentscheiden. Es kann durchaus sein, daß da so eine winzige cremefarbene Schönheit sitzt, die Ihnen ausnehmend gut gefällt, die jedoch keine Notiz von Ihnen nimmt. Dafür kommt Ihnen ein blaues Kleines mit hocherhobenem Schwanz entgegen und schmiegt sich an Ihre Beine. Mein Rat: nehmen Sie den blauen Zimmerlöwen en miniature! Sie werden es nicht bereuen, denn das Tierchen suchte von sich aus den Kontakt zu Ihnen. Katzen lassen sich auch nicht vorschreiben, wer ihr Lieblingsmensch innerhalb der Familie wird. So können sie ruhig als Geburtstagsgeschenk für die Dame des Hauses ins Haus gebracht worden sein, wenn es ihnen paßt, wird der Hausherr zum Favoriten erkoren und daran kann kein Mensch etwas ändern. Ich kenne mehrere Katzenbesitzerfamilien, in denen es genauso zugegangen ist. Frauchen darf dort heute für Verpflegung, Sauberkeit und Pflege sorgen, aber wenn Herrchen am Abend heimkommt, wird nur er umschmust. In anderen Fällen ist es so, daß der Haushaltsvorstand mit vom Spiel mit der kleinen Wilden zerkratzten Händen im Büro erscheint, während die Katze beim Frauchen zum Lämmchen wird und gar nicht weiß, daß sie überhaupt Krallen hat! Ja, so ist das mit den Katzen, diesen bezaubernden eigenwilligen Geschöpfen, nun mal.

Eine kleine Katze, die Sie beim Züchter kaufen, sollte entwurmt und ausreichend gegen Katzenseuche geimpft sein. Außerdem gehört zu einem Rassetier, daß es vorschriftsmäßig beim Züchterverband eingetragen ist und Sie die entsprechenden Papiere erhalten. Schließlich bezahlen Sie dafür ja auch einiges. Haben Sie das Gefühl, daß mit dem Tierchen etwas nicht stimmt, so behalten Sie sich vor, es von einem Tierarzt Ihrer Wahl untersuchen zu lassen und erst dann endgültig den Kauf abzuschließen. Ein gesundes Jungtier erkennen Sie sofort an dem glänzenden Fell, den blanken Augen und dem enormen Spieltrieb. Lassen Sie sich nicht vom Mitleid verleiten, ein krankes Tierchen auszusuchen. Sie wollen doch Freude über lange Jahre an Ihrem kleinen Hausgenossen haben, nicht wahr, und nicht von Anfang an Angst haben, daß das arme Ding leiden muß?!

Die Anschriften guter Katzenzüchter, die Jungtiere der Rasse, die Sie interessiert, abzugeben haben, erfahren Sie bei den einzelnen Verbänden. Wer sich für ein Hauskätzchen entscheidet, braucht nur in der Tageszeitung (meist am Sonnabend) die Rubrik "Tiermarkt" aufzuschlagen und dort nach einer entsprechenden Anzeige zu suchen. Natürlich kann man auch gleich selbst eine kurze Annonce aufgeben und bekommt sicher etliche Zuschriften oder Anrufe. Oder man fragt im Tierheim nach, wo so viele heimatlose Katzen auf ein Zuhause warten.

## Allerlei Kätzisches

Katzen sind ein kleines Wunderwerk, wenn man ihre Sinne betrachtet. Uns Menschen kann sogar ein bißchen Neid erfassen, wenn wir bedenken, was sie alles können – und wir nicht. Da ist zum Beispiel das superfeine Gehör. Die aufgerichteten Ohren des Tieres "sammeln" die Geräusche regelrecht, durch eine Anzahl Muskeln lassen sich die Ohren bewegen. Katzen können im tiefen Schlummer liegen, huscht in mehr als 10 m Entfernung eine Maus vorüber, sind sie im Nu hellwach – sie haben es gehört. Für Katzenohren sind auch Geräusche vernehmbar, die wir überhaupt nicht registrieren. An diese Empfindlichkeit sollte man denken, wenn das Radio eingestellt wird, Zimmerlautstärke ist für Katzen schon ein beachtlicher Lärm! Katzen mögen es auch gar nicht, wenn man sie anschreit, ja nicht einmal lautes Sprechen ist ihnen angenehm.

Die Augen unserer Schönen stehen den Ohren nichts nach, sie sind einfach vollkommen. Katzen sehen wie wir die Welt so farbig wie sie ist. Dabei soll Rot die Lieblingsfarbe sein. Allerdings können wir nicht mit den Katzenaugen konkurrieren, denn wenn wir schon nichts mehr richtig sehen, erkennt die Katze noch alles. Sie kann zwar nicht in stockfinsterer Nacht sehen, doch ihre Augen werten noch den geringsten Lichtstrahl aus. Katzen haben ein drittes Lid, die Nickhaut. Diese wird nur dann sichtbar, wenn das Tier krank ist oder schrecklich müde.

Über den Geschmack brauchen wir nicht lange zu reden – Katzenbesitzer wissen, wie genau Katzen unterscheiden, was sie mögen und was nicht. Notfalls wird sorgfältig aussortiert!

Bei Gerüchen haben Katzen ebenfalls ihre eigene Ansicht. Ihr Geruchssinn ist zwar nicht so hochentwickelt wie zum Beispiel bei Hunden, aber immer noch besser als der menschliche. Bestimmte Gerüche animieren unsere Katze so, daß sie sich darin am liebsten verkriechen würde (Baldrian, Thymian, um nur zwei zu nennen).

Dagegen lehnt sie oftmals Parfümduft ab, den wir als angenehm empfinden.

Mit Augen, Ohren und Nase sind wir bei der Katze jedoch noch nicht am Schluß der Sinnesorgan-Aufzählung angelangt. Ganz wichtig sind die Vibrissen, die hochempfindlichen Tasthaare der Katze. Über den Augen, um das Mäulchen und an den Rückseiten der Vorderpfoten befinden sich die „Antennen“, mit deren Hilfe sich das Tier auch dann noch zurechtfindet, wenn die Augen die Dunkelheit nicht mehr durchdringen können.

Und wie spricht die Katze? Gewiß nicht nur „miau“! Katzen sprechen mit den Augen, den Ohren, dem Schwanz, der Körperhaltung, den Pfoten und – natürlich – der Stimme. Das reichste stimmliche Vokabular besitzt zweifellos die Siamesin, doch auch die anderen Katzen können sich ausdrucksvoll in den unterschiedlichsten Tonlagen (und Lautstärken) äußern. Sei es nun Mißfallen oder große Wonne, „ihr“ Mensch begreift schnell, was sie sagen will. Schnurrt die Schöne wie eine Nähmaschine und knetet dabei auf- und abtretend mit den Pfoten auf der Stelle, so ist sie restlos selig. Diesen „Milchtritt“ behält die Katze aus den allerersten Babytagen bis ins Alter bei, im Anfang regte er den Milchfluß der Mutter an. Dabei können auch einmal die Krallen ausgefahren und wieder eingezogen werden, gibt es dann einen kleinen Kratzer, so liegt das nur daran, daß die menschliche Haut einfach zu dünn ist! Was kann die Katze dafür? Ein aufgehobenes Pfötchen bedeutet bei Katzen, daß sie nun nicht angefaßt werden möchten. Wer diese Warnung nicht akzepiert, darf sich nicht wundern, wenn es ihm „kratzpfötig“ beigebracht wird. Zucken der Schwanzspitze signalisiert Ärger, schnelles Hin- und Herwedeln Unwillen und Zorn. Berührt ein Katzenpfötchen behutsam und sanft ihren Menschen, so ist das Liebe – oder der Wunsch nach einem Lekkerbissen. Große Aufregung besteht, wenn der Schwanz wie eine Flaschenbürste aufgeplustert ist. Macht die Katze obendrein einen Buckel, zeigt gesträubte Nackenhaare und nach hinten gelegte Ohren, haben wir Alarmstufe Eins. Zu schwarzen Riesenpupillen erweiterte Augen und nach hinten gerichtete Ohren weisen darauf hin, daß unsere Schöne kampflustig ist. Rufen Sie Ihre Katze und sie zuckt mal eben mit den Öhrchen, so meint sie, daß sie den Ruf wohl vernommen hat, aber nicht gewillt ist, darauf weiter zu reagieren. Vielleicht später . . . Klappern Sie doch mal mit der Catsanal-Dose oder den Katzen-Kullern, das ist meist interessanter als der einfache Ruf! Ein hochgereckter Schwanz, der eventuell sogar noch zittert, heißt, daß Ihre Katze sich freut, zum Beispiel bei der Begrüßung.

Befindet sich der Schwanz waagerecht wie eine Körperverlängerung, dürfen Sie das so verstehen, daß die Katze gerade stark mit ihren eigenen Problemen zu tun hat und sich im Augenblick nicht mit Ihnen befassen kann. Kommt sie dagegen zu Ihnen, schmiegt sich an Ihre Beine oder reibt zärtlich das Köpfchen an Ihnen, dann möchte sie gekrault und gestreichelt werden und hören, daß Sie sie sehr lieben. Eine Aufforderung „komm und schmuse mit mir" ist es, wenn sich die Katze auf den Rücken legt. Manchmal zieht sie auch die Seitenlage vor. Der Sinn bleibt unverändert. Beim Bäuchleinkraulen müssen Sie nur daran denken, daß die Rückenlage für eine Katze ebenfalls die Kampfstellung bedeutet. Es kann also sein, daß die Katze plötzlich mit den Hinterbeinen die streichelnde Hand kratzt. Das meint sie aber nicht böse, wir haben es hier mit einer Reflexbewegung zu tun. Unterhalten Sie sich mit dem Tier und die Katze schließt die Augen zu schmalen Schlitzen, so dürfen Sie sicher sein, daß sie sich wohlfühlt und mit Ihnen einverstanden ist.

Liegt eine Katze zufrieden eingerollt da – das ist die sogenannte geschlossene Haltung – so sollte man sie nicht stören. Ihre Ruhe möchte sie außerdem haben, wenn sie auf dem Po sitzt, die Pfötchen nebeneinander stehend und den Schwanz elegant darum gelegt. Sie befindet sich in diesem Moment in einer Entspannungsphase, aus der sie aber übergangslos in die Aktivität zurückfindet.

Jeder Katzenfreund sollte die Sprache seiner Hausgenossin verstehen lernen. Das trägt erheblich zu einem ausgeglichenen Verhältnis des Menschen zum Tier bei. Katzen wollen beachtet werden, zwar nicht ununterbrochen, aber doch für ihre Meinung entsprechend genug. Und zwar dann, wenn es ihnen gefällt. Wer die Äußerungen der Katze falsch deutet, muß damit rechnen, daß sie seine Annäherung zum unrichtigen Zeitpunkt ebenso mißversteht. So manches Vorurteil gegenüber den Katzen ist daraus entstanden. Denken wir nur daran, daß Katzen „falsch" sein sollen! Sie sind es nicht, wenn man sie richtig behandelt und ihre Eigenarten respektiert. Von Natur aus sind Tiere weder bösartig noch falsch – nur der Mensch kann es durch sein Fehlverhalten so weit bringen, daß sie neurotisch und psychisch gestört werden. Katzen sehen im Menschen eine „Superkatze", der sie herzlich zugetan sind, von der sie aber genauso erwarten, daß sie ihre Wünsche anerkennt. Wichtig ist es, daß Kinder wissen, wie man sich Katzen gegenüber verhält.

Das Image des „süßen Kätzchens" hat dazu beigetragen, daß Katzen als eine Art lebendiges Spielzeug für Kinderhände betrachtet werden. Hier liegt ein grundlegender Irrtum vor. Mancher Katzenfeind hat in seiner Kindheit eine Katze verkehrt angefaßt, wurde gekratzt und von seiner Mutter mit dem Ruf „Die böse Katze!" getröstet. In diesem Menschen setzte sich die Verbindung Katze-Kratzen-böse Katze fest und kann später nicht so leicht wieder umgepolt werden. Kinder sollen wissen, daß Katzen kein „süßes Kätzchen" sind, sondern sehr lebendige, empfindsame kleine Geschöpfe mit einem Recht auf Rücksicht wie alle Lebewesen. Achtung vor dem Leben gehört zu den Grundsätzen, die in der Tierhaltung immer beachtet werden müssen. Katzen mögen Kinder meist, aber sie haben es nicht gern,wenn die Kinder zu ungestüm und laut sind. So viel Geduld einem kleinen Menschen gegenüber wie ein Hund bringt eine Katze selten auf. Es liegt in der Hand der Eltern, hier den Weg für eine gute Beziehung zu ebnen. Professor Leyhausen, der „Katzenpapst", ist der Ansicht, daß zwischen Mensch und Katze eine engere und bessere Beziehung entstehen kann als zwischen zwei Katzen, da hier die Katze auf jedes Kampfverhalten verzichtet.

Katzen untereinander können eifersüchtig werden, vor allem, wenn zu einem Tier, das lange Zeit allein gehalten wurde, ein Neuling kommt. Ich habe es erlebt, daß die Alteingesessene den Fremdling, der sich ganz unterwürfig gab, anfauchte und nicht erlaubte, daß er fraß. Eine andere Katze zog sich vollkommen zurück, als ihr Frauchen ein herrenlos umherirrendes Kätzchen aufnahm. Sie nahm keine Nahrung mehr zu sich und zeigte so viel Kummer, daß nichts übrig blieb, als die kleine Fremde weiterzugeben. Danach lebte die Katze wieder richtig auf. In anderen Fällen verlief das Zusammenbringen ganz undramatisch, die Tiere beschnupperten sich zunächst und nach ein paar Tagen waren sie ein Herz und eine Seele. Wie die eigene Katze reagiert, läßt sich nicht voraussagen. Man sollte ausprobieren, was geschieht, ehe man endgültig eine zweite Katze anschafft.

Günstig ist es, gleich von Anfang an zwei Katzen zu halten, möglichst Wurfgeschwister. Das gilt vor allem dann, wenn Herrchen und Frauchen den ganzen Tag außer Haus sind. Selbstverständlich kann man eine Katze ein paar Stunden allein lassen, aber fünfmal in der Woche von morgens bis abends ist ein wenig viel. Katzen können sich zwar wunderbar mit sich selbst beschäftigen (Waschen, Spielen, Ruhen, aus dem Fenster schauen usw.) aber zwischendurch müssen sie sich doch auch mal „unterhalten".

Gehören mehrere Katzen zur Familie, so benötigt jede ein eigenes Schälchen für's Futter und eins für das Getränk.

Auch kommt man dann kaum mit einer Toilette aus. Manchmal kommt es zu bezaubernden Situationen zwischen den Katzen. So erlebte ich zum Beispiel bei Frau Dr. Wolff, wie zwei weibliche Wurfgeschwister sich rührend um das Baby der einen Siamesin kümmerten. Die „Tante“ war kastriert und teilte sich nun voll die mütterlichen Aufgaben mit ihrer Schwester. Beide Katzen wuschen und pflegten das Kleine, lediglich beim Trinken ließ sich genau feststellen, wer die richtige Frau Mama war. Dem Winzling gefiel das alles augenscheinlich ausnehmend gut. Neben seiner kätzischen Verwandtschaft hatte noch ein anderer Vierbeiner reges Interesse für den Kleinen: eine prachtvolle Bordeaux-Dogge, die mit Behutsamkeit das kleine Ding beschnupperte.

Bei einem Dreigespann aus einem Perserkater, einer Rex-Katze und einer temperamentvollen Ebony vertrugen sich die beiden Kurzhaarigen glänzend, auch kamen die Rex und der Perser miteinander klar – aber die Ebony sah in dem langhaarigen Kater mit dem buschigen Schwanz wohl so etwas wie einen Dauer-Aggressor und jagte den armen Kerl am liebsten quer durch die Wohnung. Ja, sie sauste hinter ihm her, wenn er die Toilette aufsuchen wollte und setzte sich kampfbereit hinein.

Katzen entwickeln untereinander Sympathien und Antipathien. So bestand zwischen meiner graugetigerten Hauskatze „Meuse“ und dem gleichaltrigen Tigerkater „Moritz“ eine regelrechte Freundschaft. Die beiden spielten, besuchten sich gegenseitig, ja, einmal fanden wir sie friedlich schlummernd in den nachbarlichen Ehebetten. Tauchte jedoch der schwarze „Bimbo“ auf, so gingen sie auf ihn los. Mit „Bimbo“ wollten sie nichts zu tun haben und er zog traurig wieder ab. Dabei war „Bimbo“ aus menschlicher Sicht ein lieber Bursche. Doch „Meuse“ hatte da genau wie „Moritz“ ihre eigene Ansicht. Alle drei Katzen – gepflegt, kastriert, geimpft und sehr geliebt – wurden innerhalb weniger Wochen Opfer des Katzenklau. . .

## Die Katze hält Einzug!

Die Entscheidung ist gefallen, Sie haben sich für eine ganz bestimmte unter den vielen Katzen entschieden und warten nun sehnsüchtig auf den Augenblick, an dem Sie den Familienzuwachs holen können. Vorher muß jedoch noch einiges bedacht bzw. besorgt werden. Schließlich soll Ihre Katze es vom ersten Moment an gemütlich haben und sich wohlfühlen, nicht wahr?

Am wichtigsten sind ein Schlafkorb und eine Katzentoilette. Im Fachhandel gibt es eine beachtliche Auswahl an Schlafkörben, -höhlen, Katzensofas usw. Wählen Sie Kätzchens Schlafzimmer nicht zu klein – aus dem handlichen Baby wird in Kürze eine ausgewachsene Katze und außerdem lieben es die Samtpfötigen, sich so richtig nach Herzenslust zu recken und zu strecken. Dazu braucht man Platz! Großartig finden Katzen es, wenn „ihr" Platz sich in luftiger Höhe befindet. Diese Möglichkeit bieten die Kratz-, Kletter- und Schlafbäume, die es in verschiedenen Ausführungen gibt. Hier haben wir es mit einer idealen Kombination zu tun, die wirklich den Bedürfnissen einer Katze entgegenkommt: sie kann an dem Baum klettern, sich in verschiedenen Höhen hinlegen, in einen „Bungalow" kriechen, wenn sie ihre Ruhe haben will und – das ist ganz besonders wichtig – die Krallen wetzen, daß es eine Art hat. Die Modelle erhalten Sie im Fachhandel als Standbäume oder vom Fußboden bis zur Decke reichend. Bei meinen eigenen Tieren habe ich es erlebt, daß sie noch lebhafter wurden (im positiven Sinn) und sich auf dem obersten Plateau des Kletterbaumes, es handelt sich um ein Modell vom Boden bis zur Decke, außerordentlich wohlfühlen.

Wollen Sie ein Körbchen oder eine Höhle für Ihren Liebling ausstatten, dann empfehle ich, nicht zu weiche Kissen mit waschbaren Bezügen (Reißverschlüsse einnähen) zu ver-

Abb. 3 Ein standfester Kratz-, Kletter- und Schlafbaum mit „Katzen-Bungalow" wirkt auch im Wohnraum dekorativ (Modell von Lorenz Klever)

wenden. Es gibt auch kuschelige Kissen im Handel, die einfach in die Waschmaschine gesteckt werden können. Im Grunde ist das alles mehr oder weniger eine Kostenfrage. Die Überlegung, ob man eventuell von Anfang an gleich etwas mehr ausgibt und später nicht noch einmal neu kaufen muß, sollte man aber anstellen. Ich habe es oft genug bei frischgebackenen Katzenbesitzern erlebt, daß erst mit einer Art Provisorium begonnen wurde, das bereits einiges kostete, und nach einiger Zeit dann doch die teureren Artikel geholt wurden. Gerade beim Schlafplatz kommt das nicht selten vor.

Stellen Sie den Korb, die Höhle oder den Baum an einem nicht zu warmen Platz auf, der unbedingt vor Zugluft geschützt sein muß. Er sollte auch nicht isoliert vom Familienleben stehen, Katzen wollen dabei sein.

Gerade bei kleinen Kätzchen ist es gut, wenn die Toilette nicht zu weit vom „Bett" entfernt ist. Die Katzenmama hat zwar schon dafür gesorgt, daß der Nachwuchs stubenrein ist, aber manchmal geht's dann aus dem Schlaf heraus doch ziemlich schnell mit dem Müssen! Auch Katzentoiletten werden in den verschiedensten Ausführungen angeboten. Von der einfachen – manchmal zu flachen – Schale bis zum Superklo mit Dach. Grundsätzlich sollte die Toilette aus Kunststoff sein und am Boden keine Verzierungen aufweisen, das erschwert nur das Reinigen. Praktisch sind Toiletten mit abnehmbarem Rand bzw. mit einer Schublade zum Herausziehen. Bei den Toiletten mit abnehmbarem Dach hat man die Gewähr, daß nichts von der Streu in die Gegend fliegen kann. Man muß jedoch darauf achten, daß die Katze die Möglichkeit hat, sich beim „großen Geschäft" so zu setzen, wie sie es am liebsten hat. Meine Katzen stützen sich dabei zum Beispiel mit den Vorderpfoten auf den Rand ihrer Toilette und brauchen dadurch viel Raum nach oben. Ist das Dach zu niedrig, stört es das Tier. Als Streu wählt man am besten handelsübliche Katzenstreu, das sind kleine Körnchen, die stark aufsaugen und den Geruch binden. Auch hier gibt es Unter-

Abb. 4 Geräumige Katzentoilette mit ausreichend hohem Rand aus Kunststoff

schiede. Gute Erfahrungen habe ich unter anderem mit Thomas-Streu, Vitakraft-Katzenstreu, Absorcat und TOO-Katzenstreu gemacht. Günstig kaufen Sie die Streu immer gleich in der Großpackung. Zur Toilette brauchen Sie noch eine kleine Schaufel, mit der Sie jeweils die festen Bestandteile gleich aus der Streu herausfischen. Im übrigen wird die Streu ein- bis zweimal am Tag (je nach Bedarf) umgeschaufelt. Wie oft ausgewechselt werden muß, richtet sich nach dem Grad der Verschmutzung. Wichtig: Gebrauchte Katzenstreu gehört in den Müll und nicht in die Toilette!

Weiter benötigt die Katze zwei Schälchen, eins für das Futter, eins für das Getränk. Nehmen Sie Gefäße, die standfest sind und nicht so leicht kippeln. Mein Tip: Legen Sie von Anfang an unter die Schälchen ein Katzen-Set, denn die schnurrenden Lieblinge befördern gern die Futterbröckchen, die sie verspeisen wollen, aus dem Futternapf heraus. Als Set können Sie, wenn Sie kein spezielles anschaffen wollen, vielleicht eines aus dem vorhandenen Bestand nehmen. Auf jeden Fall sollte es abwaschbar sein (Ausrangiertes Kinder-Set!). Ein Stück PVC oder feste Folie erfüllt den Zweck ebenfalls. Ein Eßteller ist als Futternapf nicht empfehlenswert. Die Katze kann letzten Endes nicht unterscheiden, wann es sich um ih-

Abb. 5 Praktisch ist die Doppelschale, in die eine Hälfte kommt das Futter, in die andere das Trinkwasser

ren Teller handelt und wann um einen für die Menschen. Die Folge wäre eventuell eine unerwünschte Selbstbedienung.

Ja, und zum Kratzen muß jede Katze etwas haben. Wenn Sie einen der bereits besprochenen Kratz- und Schlafbäume erstanden haben, ist das Thema für Sie erledigt. Sonst können Sie jetzt zwischen einem Kratzteppich und einem kleinen Kratzbaum wählen. Kratzteppiche kann man entweder auf den Boden legen oder aufrecht an einem Schrank oder einer Wand befestigen. Er muß – genau wie ein Kratzbaum – so groß sein, daß die Katze sich beim Krallenwetzen langmachen kann. Denken Sie an das Wachsen! Das wichtigste ist, daß Kratzbaum oder -teppich standsicher angebracht sind. Kippt zum Beispiel der Kratzbaum um und die Katze erschrickt sich, dann wird sie künftig einen großen Bogen um das gefährliche Etwas machen und lieber am Sessel im Wohnzimmer kratzen.

Für Anhänger der Do-it-yourself-Methode ein Hinweis: Sie können sich einen prächtigen Kratzbaum selbst herstellen aus einem ca. armdicken Stück Stamm mit schön viel Rinde (Birke etwa), das Sie auf einem Kreuzfuß befestigen.

Nehmen Sie sich am ersten Tag viel Zeit für Ihre Katze. Am besten holen Sie sie vormittags, dann haben Sie beide bis zum Abend Gelegenheit, sich aneinander zu gewöhnen. Meine Katzen habe ich nie in einer Transporttasche geholt, sondern die Kleinen bei der Heimfahrt auf dem Arm gehalten. Im Winter hüllt man sie in ein warmes Tuch. Natürlich brauchen Sie später eine Heimtier-Transporttasche oder einen mit

Abb. 6 Katzen fühlen sich wohl, wenn sie einen Kratzbaum haben, der ihnen in verschiedenen Höhen Kuschel- und Schlafplatz bietet. Das obere Körbchen ist besonders als Aussichtsplatz beliebt!

einem Gittertürchen verschließbaren Korb, um mit der Katze zum Tierarzt zu gehen bzw. sie auf kurzen Fahrten mitzunehmen. Doch jetzt nach dem Abschied von der Katzenmutter, den Geschwistern und der ganzen bekannten Umgebung ist es besser, das Tierchen fühlt Ihre warme Nähe.

Sprechen Sie leise und liebevoll mit dem Kätzchen, aber überschütten Sie es nicht gleich mit Zärtlichkeiten. Will das Kleine zuhause von Ihrem Arm herunter, dann halten Sie es nicht fest. Katzen mögen es gar nicht, wenn man sie gegen ihren Willen festhält. Läßt man sie nach ihrem Wunsch frei, kommen sie viel leichter und öfter zum Menschen, der sie ja so gut versteht und richtig behandelt! Zuerst setzen Sie die kleine Katze – das gilt auch, wenn Sie ein ausgewachsenes Tier geholt haben – in den Schlafkorb. Dann in die Katzentoilette. Der Neuling kennt so etwas zwar, weiß aber natürlich nicht, wo das Klo steht.

Nach dem Motto „Liebe geht durch den Magen" können Sie der Katze einen besonderen Leckerbissen, den Ihnen der Züchter verraten hat, anbieten. Geben Sie ihn dem Tier auf der Hand, um Körperkontakt aufzunehmen. Spielen Sie mit der Katze. Einem hin- und her pendelnden Bindfaden kann kein Katzenkind widerstehen, nach einer Fellmaus jagt es in putzigen Sprüngen und mit einem Ping-Pong-Ball kann es sich herrlich amüsieren. Ausgesprochenes Katzenspielzeug bekommen Sie von verschiedenen Herstellern im Fachandel.

Katzen sind die Neugier in Person. Es wird nicht lange dauern und Ihr Kätzchen unternimmt den ersten ausführlichen Streifzug durch die neue Heimat. An einen kleinen schwarzen Kater kann ich mich gut erinnern, der bei Bekannten „adoptiert" wurde. Mit hochgestelltem Schwanz stolzierte der kleine Kerl wie ein Feldherr durch die Gegend und ließ sich bei seinen Erkundungen überhaupt nicht stören. Nun müssen Sie damit rechnen, daß dem Katzentier ein anderer Platz viel besser gefällt als der Schlafplatz, den Sie ausgesucht haben. Was das sein kann? Eigentlich alles: der kostbare Tep-

Abb. 7 Spielen wird bei gesunden Katzen großgeschrieben. Hier ein Sortiment verschiedenen Katzen-Spielzeugs

pich, auf den die Kinder kaum treten dürfen, der Lieblingssessel des Hausherrn, der Korb mit der Bügelwäsche oder das Kreuzstichkissen von der Schwiegermutter. Es liegt an Ihnen, ob Sie der Katze die freie Wahl lassen oder mit der Erziehung beginnen wollen.

Wie man eine Katze hochhebt, weiß die gesamte Familie hoffentlich schon?! Auf **KEINEN** Fall bei den Vorderpfötchen hochziehen oder im Genick fassen. Der Griff ins Genick ist der Katzenmutter vorbehalten, die so ihre Kinder transportiert. Dabei fallen die Kleinen in die sogenannte Tragestarre. Das sieht zwar ein bißchen unglücklich aus, ist aber für Mutter und Kinder die ideale Lösung. Menschenhände können das Kätzchen nicht so greifen, das muß man vor allem den Söhnen und Töchtern sagen. Wir schieben eine Hand unter den Po des Tierchens und die andere unter die Brust und heben es so hoch.

## Pflege und Hygiene müssen sein

Zwar sind Katzen von Natur aus sehr reinlich, aber trotzdem ist es gut, wenn der menschliche Freund bei der Pflege helfend eingreift. Zum Beispiel bei der Fellpflege. Diese ist bei Kurzhaarkatzen natürlich nicht so aufwendig wie bei den langhaarigen Persern, aber immerhin sollte man ein- oder zweimal wöchentlich seine Schöne liebevoll auf den Schoß nehmen und ein Kosmetikstündchen einlegen. Drahtbürsten sind für das seidige kurze Fell ungeeignet, wählen Sie eine Gumminoppenbürste und, wenn die Katze nach draußen Auslauf hat, einen Staubkamm zum Aufspüren eventueller „Untermieter". Kurzhaarkatzen werden nicht gegen den Strich gebürstet, sondern immer nur in Wuchsrichtung des Haares. Gehen Sie am besten auch nur mit halber Kraft vor, manche Kurzhaarkatzen haben sehr wenig Unterwolle und empfinden es schmerzhaft, wenn die Bürste zu heftig mit der Haut in Berührung kommt. Schmusen und sanftes Zureden gehören selbstverständlich zum Pflegeprogramm! Es kann durchaus sein, daß Ihre Katze die Schönheitsaktion als angenehme Bereicherung des Tagesablaufs ansieht und am liebsten jeden Tag davon Gebrauch machen möchte. Tun Sie ihr den Gefallen und genießen Sie das schnurrende Wohlbehagen des Tieres. Die losen Haare, die auf diese Weise aus dem Pelz entfernt werden, können nicht mehr in den Katzenmagen gelangen und dort eventuell verklumpen. Nach dem Bürsten bzw. Kämmen nehmen Sie ein feuchtes Leder- oder Vileda-Tuch und reiben damit über das Fell der Katze (Bei Rex-Katzen genügt dieses „Staubwischen" manchmal schon allein). Der schimmernde Glanz des Felles wird durch diese Nachbehandlung noch erhöht. Neben dem äußerlich sichtbaren Effekt hat die Fellpflege noch den Vorteil, daß Sie sich genau über den Zustand Ihrer Katze informieren. Sie bemerken gleich, wenn sich irgend etwas verändert hat.

Die Ohren kann die Katze nur von außen selbst reinigen. Einmal in der Woche müssen Sie deshalb mit einem weichen biegsamen Wattestäbchen, das mit spezieller Ohrenpflege-Lotion oder einem Baby-Öl getränkt ist, das Innere der Katzenohren säubern. Seien Sie sehr vorsichtig dabei und dringen Sie auf keinen Fall zu tief in den Gehörgang ein, um das Tier nicht zu verletzen.

Manchmal bildet sich in den Augenwinkeln Tränenstein. Diese Verkrustungen lassen sich problemlos mit ipevet-Tränenstein-Entferner auswischen, den man auf ein angefeuchtetes Läppchen gibt.

Zahnstein ist bei Katzen zum großen Teil eine Sache der Veranlagung. Lassen Sie vom Tierarzt bei jedem Besuch nachschauen, ob sich bei Ihrer Katze Zahnstein gebildet hat. Man kann diesen Belag für das Tier schmerzlos mit Ultra-Schall entfernen. Es nützt auch, wenn Sie einmal in der Woche mit einem Tuch die Zähne abreiben — wenn sich die Katze das gefallen läßt. Das ist nämlich nicht immer der Fall.

Ohne Krallenpflege geht es auch nicht ganz, wenn man mit Katzen lebt. Tiere, die freien Auslauf haben und an Bäumen kratzen und klettern, nutzen ihre Krallen auf natürliche Weise ab. Manchmal findet man die abgewetzten Krallenhüllen auf dem Boden. Tiere, die nur in der Wohnung gehalten werden, haben diese Möglichkeit nicht. Außerdem ist es nicht gerade angenehm, wenn man mit den nadelspitzen Krallen in – nicht immer sanfte – Berührung kommt. Das ist keine bö-

Abb. 8 Kratzteppiche müssen so befestigt werden, daß sie nicht wegrutschen können, sonst kann die Katze nicht so ihre Krallen wetzen, wie sie es nun mal möchte

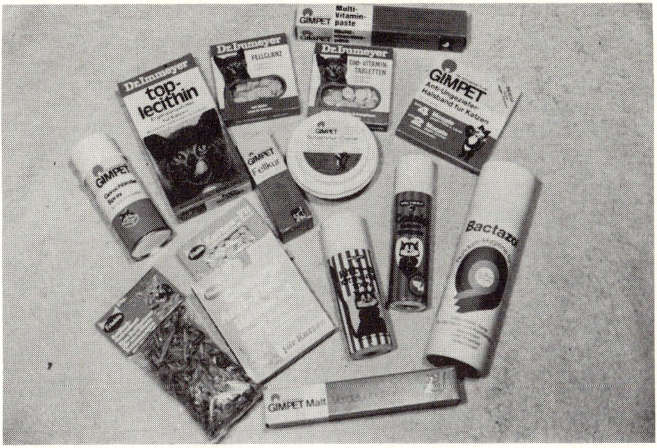


Abb. 9 Viel Gutes für die Gesundheit und Hygiene unserer Katze – aber längst nicht alles!

se Absicht unserer Katze, allein beim glücklichen Ein- und Ausfahren der Krallen (zum Beispiel beim Milchtritt) auf unserem Schoß kann es aber leicht dazu kommen! Warum ist unsere Haut auch so empfindlich!? Normale Nagelscheren oder -zangen sind nicht katzenpfötchen-gerecht. Es gibt im Fachhandel besondere Knipser, mit denen man immer nur den alleräußersten gebogenen Teil der Krallen erwischt und bei der Krallen-Stutz-Aktion nicht den in der Kralle verlaufenden Nerv trifft. Durch leichtes Drücken auf den Ballen tritt die Kralle, die man schneiden will, hervor. Immer wieder wird an Tierärzte das Ansinnen gestellt, einer Katze die Krallen zu amputieren. Zum Glück ist diese Verstümmelung bei uns durch Tierschutzgesetz verboten! In ihrem „Ullstein Katzenbuch“ nennt Frau Dr. Schulz-Roth diesen Eingriff vergleichbar damit, einem Menschen Zehen und Finger zu entfernen. Schließlich kann eine Katze ohne Krallen nichts mehr festhalten, sie ist wehrlos gegen Angriffe von Tieren und (leider immer wieder) Menschen und wird in ihrer Bewegungsfreiheit stark eingeengt. Die Katze ist es gewohnt, daß sie sich zum Beispiel beim Springen festkrallen kann – nach der Amputation geht das nicht mehr. Sie rutscht ab und fällt. Die Folge ist, daß das Tier ängstlich und scheu wird, die Katze ist vollkommen verunsichert. Wen wundert es dann wohl noch, wenn sie am Ende neurotisch wird? Beides ist einem wirklichen Katzenfreund, der den eigenständigen Charakter der samtpfötigen Schönen liebt, gleich unsympathisch. Wer meint, mit dem Problem der Katzenkrallen auf keinen Fall klarzukommen, sollte sich besser ein Plüschtier anschaffen – das kann garantiert nicht kratzen. (Im Kapitel über die Erziehung unserer Katze geben wir Tips, wie man eine Katze zur Benutzung ihres Kratz- und Kletterbaumes oder Kratzteppichs animieren kann.)

Und wie steht es mit dem Baden? Es ist nicht unbedingt erforderlich, daß man Katzen badet. Allerdings, wenn so eine Pelzige total verdreckt von einem Ausflug heimkommt, bleibt sicher manchmal keine andere Wahl, als sie in die „Wanne" zu stecken. Für das Katzenbad darf nur Katzen-Shampoo (gibt es im Fachhandel) verwandt werden oder ein mildes Baby-Shampoo. Das Badewasser ist handwarm richtig temperiert und sollte der Katze nur bis zum Bäuchlein reichen. Der Kopf wird nicht mitgebadet, sondern behutsam mit einem feuchten Tuch abgewaschen. Wenn Ihre Katze nicht gerade zu den Bade-Fans gehört, hilft Ihnen am besten jemand bei der Prozedur. Wichtig ist, daß die Katze nach dem Bad gründlich abgespült wird. Im Fell dürfen sich keine Shampooreste mehr befinden. Das Trocknen mit dem Fön halte ich nicht für empfehlenswert, denn viele Katzen erschrecken vor dem Föngeräusch. Packen Sie Ihren Badeengel in angewärmte Frottiertücher und rubbeln Sie ihn trocken, das ist besser. Bevor das Fell nicht bis in den Haaransatz getrocknet ist, darf die Katze nicht aus dem Zimmer, sonst erkältet sie sich.

Für alle Pflege-Aktionen gilt: je früher ein Katzenkind sie kennenlernt, desto leichter kann man sie durchführen. Beginnen Sie deshalb möglichst mit dem Kämmen, Krallenschneiden, Öhrchen reinigen usw., wenn die Katze noch ein Kätzchen ist.

Als Unterstützung der äußerlichen Fellpflege gebe ich meinen Katzen regelmäßig ein paar Tropfen GIMPET-Fellkur oder bella-bon von Vitakraft.

Neben der Körperpflege gehört natürlich auch die Hygiene in der Umgebung der Katze zur Gesunderhaltung. So müssen Futter- und Trinkgefäße nach jeder Benutzung abgewaschen werden. Die Bezüge im Schlafkorb werden gewaschen, wenn sie nicht mehr ganz einwandfrei sind. Bürste und Kamm bekommen ein Seifenbad, nach Bedarf.

Am wichtigsten ist die Hygiene jedoch bei der Katzentoilette. Mancher Katzenhalter hat schon schwere Verstopfung bei seinem Tier vermutet – und was lag vor? Die Toilette war für die saubere Katze zu „anrüchig" geworden und sie weigerte sich schlichtweg, sie zu benutzen. Katzen halten den Stuhlgang tagelang zurück, was natürlich ungesund ist, wenn sie ihr Klo nicht mehr appetitlich finden. Sie mögen sich nicht noch einmal in einer Katzenstreu lösen, die bereits Exkremente enthält. Deshalb muß man täglich die festen Bestandteile aus der Katzentoilette herausnehmen, nach Möglichkeit gleich, wenn die Katze ihr Geschäft gemacht hat. Häufiges Umschaufeln der Katzenstreu fördert das Trocknen. Mit einem Geruchbinder-Spray lassen sich Gerüche beseitigen. Beim Wechseln der Streu wird die Katzentoilette ausgewaschen und desinfiziert. Mag die Katze den Geruch des Desinfektionsmittels nicht, nachspülen. Vorm Einfüllen der neuen Streu gut trocknen, mit einem Fön geht das prima, dabei verschwindet auch der letzte Rest Feuchtigkeit aus den Ecken. Wenn Sie die Exkremente der Katze aus dem Klo nehmen, werfen Sie einen Blick darauf, ob es „krabbelt". So können Sie nämlich immer noch am ehesten feststellen, ob

Ihre Katze Würmer hat. Wenn ja, führt der nächste Weg zum Tierarzt – doch davon mehr im Kapitel über Krankheiten.

Wo Katzen leben, da gibt es Katzenhaare, und zwar nicht nur im Fell der vierbeinigen Lieblinge. Von der Kleidung lassen sich Tierhaare – Hunde haaren ja auch – mit einer besonderen Bürste aus dem Chic + Quick-Programm von Vileda entfernen. Für die Teppich- und Polsterpflege bekommen Sie im Elektrohandel oder auch in Katzen-Boutiquen spezielle Düsen für den Staubsauger. Von Teppichen mit niedrigem Flor lassen sich Katzenhaare leicht entfernen, wenn man mit einem feuchten Viledatuch darüber streicht und die entstehenden Haarröllchen einsammelt.

## Ganz ohne Erziehung kommen wir nicht aus

Erziehung muß sein – sonst ist nämlich in kürzester Zeit das liebe kleine Schnurrtier Herr im Haus! Oberster Grundsatz in der Katzenerziehung ist: Lieber Katzenbesitzer, sei noch eine Portion sturer als Deine Samtpfötige und, bitte, verliere nicht die Nerven! Wissen muß man auch, daß eine Katze niemals zum unbedingten Gehorsam wie ein Hund erzogen werden kann. Sie wird immer eigenwillig bleiben, wenn auch auf charmante Weise, und sich nicht völlig unterordnen. Sonst wäre sie schließlich keine Katze! Mit Ungeduld erreicht man bei Katzen ebenfalls nicht viel. Katzen verstehen sich glänzend auf das Spielchen „Wer hat denn nun die besseren Nerven?“, ich möchte sagen, sie sind darin Meister. Nehmen Sie es deshalb mit Humor, wenn die sanfte Schöne zum neunundneunzigsten Mal mit der verlockenden Gardinenschnur spielen will – vielleicht läßt sie es danach?! Am besten versucht der „Erzieher“, die Katze vom Objekt, das tabu sein soll, abzulenken. Hier ist es genau wie bei kleinen Kindern. Bringt man sie auf andere Gedanken, ist bereits das halbe Problem gelöst.

Beginnen mit der Erziehung muß man am ersten Tag, sonst bürgern sich bestimmte kleine Untugenden ein und diese dann später wieder auszumerzen, ist nicht ganz leicht.

Ich denke dabei gerade an den reizenden kleinen Kartäuser-Kater Danny, der mit knapp drei Monaten Einzug bei seinem Frauchen hielt. Natürlich war die Adoptivmutter in den Wonneproppen verliebt. Sie fand es süß, wenn er leise mauzend neben ihr stand und, wenn sie ihn nicht gleich hochnahm, an ihren Jeans eine Klettertour startete. Weniger reizend fand sie es erst, als Danny das Spielchen wieder einmal versuchte und sie eine dünne Strumpfhose trug. Kätzchen klettern gern an ihrem Menschen hoch, doch da sie keinen Unterschied machen, ob man dabei Strapazierfähiges oder den Sonntagsnachmittagsausgehstaat trägt, ist es gescheiter, von Anfang an hier einen Riegel vorzuschieben.

Wollen Sie dem Katzenkind etwas verbieten, sagen Sie bestimmt und energisch „nein", besonderer Stimmaufwand ist dabei nicht erforderlich, die Katzen haben ja ein superfeines Gehör. Es hat auch keinen Sinn, lange Strafpredigten zu halten, stets dasselbe Wort im gleichen Tonfall prägt sich dem Tier besser ein.

Besteigt die Katze Vaters Lieblingssessel und der Hausherr hat etwas dagegen, so nimmt man sie mit dem bewußten „nein" herunter und setzt sie an einen Platz (der muß natürlich auch weich sein), an dem sie es sich bequem machen darf. Zum Beispiel ihr Körbchen. Entwickelt Ihre Katze Talente als Gardinenkletterin, dann gibt's nur eins: Angeln Sie sich ganz schnell den Klettermaxe und spielen Sie mit ihm. Eine ausgewachsene Katze als Verzierung ist bis jetzt noch keiner Gardine bekommen! Ebenso sollten Sie es nicht erlauben, die Mäntel an der Garderobe als Schaukelersatz zu benutzen. (Bei diesen Beispielen handelt es sich um Situationen, die ich mit meinen Katzen erlebt habe).

Beim ersten Informationsgang durch die Wohnung wird Ihre Katze sich für diesen oder jenen Platz entscheiden, den sie künftig für sich beanspruchen möchte. Sind Sie damit einverstanden, ist alles in Ordnung, sonst müssen Sie sofort Ihr Veto einlegen. Im Handel erhalten Sie Fernhaltesprays für Katzen. Am besten werden kleine Läppchen damit eingesprüht und an dem betreffenden Möbel oder was es auch ist, befestigt. Bessere Erfahrungen habe ich allerdings mit Spielspray gemacht. Dieses Spray entwickelt einen für Katzennäschen wunderbaren Duft, der sie magisch anzieht. Sprüht man das Schlafkörbchen, die vorgesehene Katzendecke (z. B. nitex) oder auch den Kratzbaum damit ein, interessiert sich unsere vierbeinige Freundin recht schnell für den Gegenstand. Nur verlassen Sie sich bitte nicht darauf, daß die Schöne nicht bei nächster Gelegenheit einen zweiten Versuch startet!

Abb. 10 Ein Auge kann ich ja mal riskieren . . .

Ein sehr wichtiges Kapitel ist das Krallenwetzen. Um das Problem kommt man als Katzenbesitzer nicht herum, also soll man vorbereitet sein. Die Katze kann nicht wissen, daß der gute Sessel oder der echte Perser für ihre Krallenwetzerei nicht geschaffen wurde – sie findet beides bestens geeignet. Schnappen Sie sich das Kätzchen gleich beim allerersten Versuch und tragen Sie es mit einem „nein" zu seinem Kratzbaum oder -teppich. Bewegen Sie dort die Pfötchen des Tieres in Kratzbewegung auf und ab. Sie werden viel Geduld benötigen, bis Ihre Katze wirklich nur noch dort kratzt, wo sie es soll, aber dieser Aufwand lohnt sich. Je eiserner Sie durchhalten, desto schneller begreift Muschi, was man von ihr erwartet. Und eines Tages geschieht es – die Katze kratzt von sich aus hingebungsvoll an ihrem Baum! Nun dürfen Sie das Loben nicht vergessen. Loben wird in der Katzenerziehung ganz groß geschrieben. Mit Liebe, Geduld und Lob erreichen Sie viel mehr bei Ihrer Hausgenossin als mit Schimpfen. Schlagen sollten Sie eine Katze niemals. Notfalls können Sie mit einer zusammengefalteten Zeitung neben ihr auf den Boden schlagen oder klatschen Sie kräftig in die Hände, wenn Miez einen unerlaubten Ausflug auf den Kleiderschrank unternimmt. Auch ein nasser Schuß aus der Wasserpistole ist erlaubt.

Selbstverständlich soll eine Katze ihren Namen kennen – ob sie darauf hört, wird allerdings nur von Fall zu Fall zu entscheiden sein. Katzen hören gern auf etwas mit einem „i", also Miez oder Minka zum Beispiel. Außerdem lernen sie schnell die Bedeutung bestimmter Worte, die mit einem Lekkerbissen gleichzusetzen sind. Meine „Meuse" erschien gleich auf der Bildfläche, wenn ich „Happi machen" rief und „Kimba" geruht aufzutauchen, wenn ich verkünde „Ei, was Frauchen hat". Wollen Sie Ihre Katze an den Namen gewöhnen, geben Sie ihr etwas Leckeres, wenn sie kommt. Die Gedankenverbindung Rufen-Leckerbissen entsteht bei unseren schlauen Schönen sehr schnell. Später muß es dann natürlich nicht immer etwas Besonderes geben, aber ein Streicheln und Schmusen, ein liebes Wort und Köpfchenenkraulen sollten immer „drin" sein.

Nie werde ich vergessen, wie unser graugetigerter Kater „Kasper" auf den Ruf „Opa schläft" jeden Mittag herbeieilte, die Couch und den schlummernden Großpapa erklomm, es sich bequem machte und während des ganzen Mittagsschläfchens auf der wohlgerundeten Leibesmitte meines Großvaters schnurrend Siesta hielt. Bei jedem Atemzug hob und senkten sich Opas Bauch und der Kater – ein Bild für die Götter!

Bei Tisch betteln sollte für eine wohlerzogene Katze gar nicht in Frage kommen. Das ist etwas, was man ihnen wirklich ohne sonderliche Schwierigkeiten beibringen kann: Gefuttert wird nur aus dem eigenen Napf und am eigenen Platz. Natürlich läßt der Katzenfreund es sich nicht schmecken, wenn seine kleine Freundin ein leeres Schüsselchen stehen hat. Etwas Trockenfutter und eine gefüllte Wasserschale müssen immer parat sein.

Katzenfreunde fragen sich immer wieder „kann man eine Katze vogelfromm bekommen?" Ich möchte diese Frage nicht rundweg bejahen oder verneinen. Es kommt auf das Tier an. Eine meiner Katzen zum Beispiel kann in weniger als 3 m Entfernung den Futter pickenden Spatzen ganz entspannt bei offener Terrassentür zuschauen. Sie zuckt dabei nicht mit der Schwanzspitze und macht keine Anstalten, die Gefiederten zu fangen. Eine andere wird bereits nervös, wenn sie durch's geschlossene Fenster etwas vorbeifliegen sieht. Kasper lag am liebsten mit verschränkten Pfötchen auf dem Käfig unseres Kanarienvogels „Pips". Allerdings würde ich es nie darauf ankommen lassen und eine Katze zur gleichen Zeit mit einem freifliegenden Vogel im Zimmer lassen. Schließlich kann der Instinkt in der Katze doch dazu führen, daß sie das fliegende Ding fängt. Sie jagt ja auch nach Schmetterlingen und Brummern. Manchmal wird empfohlen, die

Nase der Katze an den Stangen des Vogelkäfigs zu reiben. Ich habe es nicht ausprobiert. In der freien Natur erwischen Katzen selten Vögel, höchstens kranke oder schwache oder Jungtiere. Ab und zu hört man den Rat, man solle einer Katze ein Halsband mit einem Glöckchen umbinden, um die Vögel zu warnen. Wie sich das ständige Gebimmel auf die gehörempfindliche Katze auswirkt, wird allerdings nicht dazu vermerkt! In der Zeit vom 15. März bis zum 15. August dürfen Katzen nicht unbeaufsichtigt im Freien herumlaufen, außerdem nicht bei einer geschlossenen Schneedecke. Das ist Gesetz und Tierfreunde sollten sich danach richten – den Jungtieren und ihrer Katze zuliebe.

Wir Menschen erwarten manchmal ein bißchen viel von unseren Freunden aus dem Tierreich. Wenn eine Katze Mäuse jagt und fängt, ist sie ein liebes Tier und wird gelobt, ergattert sie einmal zufällig einen Vogel, gibt es Ärger. Wie soll sie aber da einen Unterschied machen? Ähnlich ist es mit Zierfischen, die man im gleichen Zimmer wie die Katze hält. Ganz zu Beginn unserer kätzischen Zeit hatten wir auch ein Aquarium mit Goldfischen, das nicht abgedeckt war. Ab und zu wunderten wir uns dann, daß plötzlich ein Fisch auf dem Teppich lag. Durch Zufall fanden wir des Rätsels Lösung: Unser Kasper saß vor dem Aquarium, ein Pfötchen erhoben über der Wasserfläche und ganz angespannte Lauer. Näherte sich ein Goldfisch der Oberfläche, schwups, wurde er von der flinken Katzenpfote geschnappt und aus dem kühlen Naß herausbefördert. Deshalb: Ein Aquarium, zu dem eine Katze unbeaufsichtigt Zugang hat, muß abgedeckt sein.

Normalerweise bewegen sich Katzen sehr behutsam zwischen Gegenständen und werfen selten etwas um. Anders sieht es aus, wenn sie „auf Touren kommen". Das kann leicht beim Spielen geschehen. Mit Erziehung kann man in diesem Fall nichts ausrichten. Katzen spielen nun mal gern und ein bißchen toben müssen sie auch, also räumt man gescheiter von vornherein das aus dem Weg, was zerbrechlich und katzengefährdet ist. Meine wunderschönen Tettauer Bierkrüge mußten inzwischen auch ihren freien Platz im Regal gegen einen geschützteren in der Vitrine tauschen. Das gehört eben zum Leben mit einem – oder mehreren – Katzentieren! Und welcher Katzenfreund würde solche Kleinigkeiten nicht liebend gern in Kauf nehmen?

Ob Sie Ihre Katze nach draußen lassen, kommt darauf an, wie die Möglichkeiten für einen ungefährdeten Auslauf liegen. Wer direkt an einer Hauptstraße wohnt, behält seine Schöne besser in der Wohnung. Ganz schützen kann man freilaufende Katzen sowieso nicht vor Autounfällen, aber mitten in einer Stadt ist die Gefahr doch erheblich größer als in einer stillen Seitenstraße oder außerhalb. Am besten ist es, man hat einen Garten, der für die Katze zur Verfügung steht. Soll die Katze den Garten nicht verlassen, so kann man sich mit einem rundherum angelegten elektrischen Weidezaun helfen. (Frau Dr. Wolff beschreibt in ihrem Buch „Katzen", Ulmer-Verlag, sehr genau, wie sie selbst dieses Problem gelöst hat.) Katzen springen nicht über die Hindernisse hinweg, sondern landen erst einmal darauf und wenn sie bei der Zwischenlandung ein paar Mal einen leichten elektrischen Schlag gespürt haben, geben sie dieses Unterfangen meist schnell auf. Unsere eigenen Katzen sollen nicht aus dem Haus, wir haben deshalb vor der Terrassentür einen knapp einen halben Meter hohen sehr feinen Maschendraht gespannt, dessen obere Kante durch einen bunten Klebestreifen deutlich markiert ist (so kann keiner darüber stolpern). Solange die Katzen klein sind, erscheint ihnen dieses Hindernis beachtlich, später ist es mehr eine Erinnerung, daß das Überschreiten der Grenze unerwünscht ist. Nach ungefähr einem Jahr wurde der Draht entfernt, aber das Gefühl „hier war doch mal was" blieb bestehen. Eventuelle Ausbruchsversuche werden von der gesamten Familie mit einem blitzschnellen kühlen Wasserguß abgeblockt. Allerdings gibt's ja auch Katzen, die dem feuchten Element von Herzen zugetan sind, bei denen fruchtet also eine nasse Abschreckung bestimmt nicht. Versuchen Sie es bei den „Wasserkatzen“ halt mal mit einer ordentlich Krach machenden Rassel.

Bleibt eine Katze allgemein brav in ihren Grenzen, so darf man sich doch auf keinen Fall darauf verlassen, daß es nicht eines Tages Ausnahmen gibt. Eine unserer Katzen wußte ganz genau, daß sie wohl einmal direkt vor der Tür auf der Terrasse ein Sonnenbad nehmen durfte, weitere Unternehmungen dagegen verboten waren. Sie hielt sich auch daran, bis eine fremde Katze in unseren Garten kam und sich dort umschaute. Wie ein geölter Blitz sauste unsere Wohlerzogene hinter dem Eindringling her, und mein Mann konnte sie eben noch am Gartenzaun abfangen, ehe sie auf die Straße rannte. Bekannte, die mit ihrer Kartäuserin Urlaub im Süden machten (Camping) erlebten eine traurige Überraschung, als ihre sonst wirklich stets beim Wohnwagen bleibende Katze aus unbekannten Gründen fortlief. Sie fanden sie kurze Zeit später wieder. Tot. Überfahren. Unserer Erziehung sind hier Grenzen gesetzt, die wir nicht vergessen dürfen. Katzen sind und bleiben bei aller zärtlichen Anhänglichkeit, bei aller Klugkeit letzten Endes die rätselhaften Schönen, deren tiefstes Wesen wir nicht ergründen können.

Im Ausbrechen können die Samtpfötigen überhaupt einiges leisten. Bei Dagmar Thies, einer sehr versierten und bekannten Züchterin von Siam- und Orientalisch-Kurzhaarkatzen, sind im ganzen Haus die Türklinken senkrecht angebracht, weil sonst die cleveren Schönen im Handumdrehen sämtliche Türen geöffnet haben und sich auf Wanderschaft begeben. Die geschickten Katzen öffnen mit ihren Pfötchen auch so manche Schranktür, die eigentlich nicht für die kleinen Neugierigen bestimmt ist. Hier kann man sich mit einem Sicherheitsriegel der Firma Helly-Erzeugnisse helfen, der zur Sicherheit von kleinen Kindern entwickelt wurde, aber sich inzwischen auch bestens bei den Vierbeinigen bewährt hat.

Foto 1 Die braune Burma-Katze Wicha von Siena ist eine ausgesprochene Schönheit mit dem glänzenden Seidenfell und den vollkommenen Proportionen. (Im Besitz des Zwingers vom Klingenkamp)

Foto 2 Die Bluepoint-Siamesen sind Mutter (Miezi vom Donaudelta) und Tochter (Bibbi vom Klingenkamp)

Foto 3 Zwei Wochen sind die sieben Katzenbabys alt. Jetzt zeigen sich die ersten Siam-Abzeichen ganz schwach. Geboren werden alle Siam-Katzen völlig weiß (Zwinger vom Klingenkamp)

Foto 4 Julia von Silvan ist eine Manx-stumpy-Katze, der Schwanz ist in kurzer Stummelform vorhanden. Die völlig schwanzlose Manx wird als „rumpy" bezeichnet

Foto 5 Julia von Chalumeaux ist eine Orientalisch Kurzhaar Lavender

Foto 6 Die zwölf Wochen alte Siamkatze befindet sich gerade in einer scheuen Phase (Zwinger vom Klingenkamp)

Foto 7 Wird mein Typ gewünscht? Fünf Wochen altes Siamkätzchen sealpoint (Zwinger vom Klingenkamp)

Foto 8 Quo Vadis de Serbellino ist ein Europäisch Kurzhaarkater silver shaded (nicht ganz dem Standard entspricht die leichte Streifenzeichnung). Der Kater stammt aus einer Züchtung von Kartäusern und Perserkatzen, auch eine Chinchilla war dabei

Foto 9 Orientalisch Kurzhaar rotgetigert (Abiram von Metsadah)

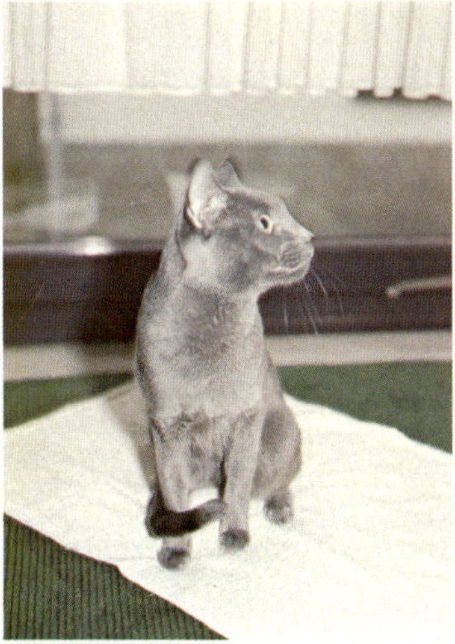

Foto 10 Sergej van de Kaukasus ist ein begehrter Deckkater der Rasse Russisch Blau (im Besitz des Zwingers vom Klingenkamp)

Foto 11 Havana-Kastrat zu Besuch auf einer Ausstellung des 1.DEKZV

Foto 12 Die Kartäuserkatze (Zucht von Revelk) hat es sich bequem gemacht als wüßte sie, wie gut der nostalgische Rahmen zu ihr paßt

Foto 13 Ajosha vom Klingenkamp ist ein ganz süßes chocolate Burma-Mädchen

Foto 14 Wir können kein Wässerchen trüben! Zwei weiße Devon-Rex-Katzen, Amrei und Albin vom Country. Typisch die großen Ohren

Foto 15 Rote Abessinierkatze Anna vom Heimersheimer Berg (Im Besitz von Christa und Norbert Rieger, Zucht von Torremolinos)

Foto 16 Die schwarzweiße Hauskatze ist Frauchens Liebling, auch wenn sie nicht dem Rassestandard entspricht

Foto 17 Katzen sprechen nicht nur mit der Stimme, wer sie liebt, versteht auch die Sprache ihrer Augen und ihrer Bewegungen

Foto 18 Foxtail's little Missouri gehört zu den bei uns noch nicht allzu häufig anzutreffenden Somalikatzen. Sie stammt aus den USA und befindet sich im Besitz von Evelyn Liebhardt

Foto 19 Katzenaugen fragen . . .
(Kartäuser aus der Zucht von Revelk)

Foto 20 Eine Wand voller Katzen-Auszeichnungen im Haus eines Züchters erzählt von vielen Ausstellungen

Stubenrein sind kleine Katzen bereits, wenn sie von der Mutter kommen. Die Katzen-Mama hat bestens dafür gesorgt, daß ihre Sprößlinge die Toilette benutzten und sie wurde recht energisch, wenn das mal nicht so klappte. Es ist deshalb selten, daß eine Katze nicht ihre Toilette benutzt, sondern eine „Filiale" anlegt. Falls übrigens Filiale, dann befindet sich diese meist in einer schummerigen Ecke. „Duftet" es mal nach Katze, so schauen Sie am besten gleich hinter dem Schrank oder der Couch nach. Der zweite Blick sollte dann dem Katzenklo gelten — ist es sauber genug für die reinliche Katze mit ihrer hochempfindlichen Nase? Meist liegt nämlich die Schuld für das Fehlverhalten nicht bei der Katze sondern bei ihrem Halter! Doch wie es auch sein mag, eine Wiederholung muß unterbunden werden, deswegen wischen Sie das Malheur schnell mit einem desinfizierenden Mittel auf und besprühen Sie die Stelle mit einem Katzen-Fernhalte-Spray, dessen Geruch die Tiere ablehnen.

Es gibt aber auch Katzen, die „straßenrein" sind. So war zum Beispiel unser „Bingo", ein prachtvoller pechschwarzer Kater. „Bingo" mußten wir, als er etwas über ein halbes Jahr alt war, an eine Familie verschenken, die direkt am Wald wohnte, denn der Bursche ließ sich im kleinen Garten nicht halten und die Straße wurde von ihm laufend überquert. Er fühlte sich sehr schnell heimisch in der neuen Familie und konnte nach Herzenslust spazierengehen. Wenn er jedoch ein „Geschäft" zu erledigen hatte, erschien „Bingo" mit schöner Regelmäßigkeit auf der Bildfläche und ging auf sein Klo!

Katzen, die sich vernachlässigt fühlen, können ihre ganze gute Erziehung auf einmal „vergessen" und tun genau das, was sonst tabu für sie ist: sie ziehen an der Spitzendecke, setzen sich auf den Tisch und schaukeln in der Gardine. Das geschieht lediglich, um die Aufmerksamkeit ihrer Menschen wieder auf sich, den geliebten Mittelpunkt des Familienlebens, zu lenken.

## Katzen an der Leine – ja oder nein?

Manche Menschen sind der Ansicht, es sei reine Tierquälerei, eine Katze an der Leine zu führen. Das ist jedoch nicht richtig. Es gibt viele Katzen, die liebend gern mit Herrchen oder Frauchen an der Leine spazierengehen. Besonders begeisterte Spaziergänger finden sich zum Beispiel unter den Siamesen und Orientalisch Kurzhaar sowie bei den Kartäusern. Außerdem darf man nicht vergessen, daß es für ungezählte Katzen einfach eine Notwendigkeit ist, leinenführig zu sein, wenn sie überhaupt nach draußen sollen. Neben dem gefährlichen Straßenverkehr in der Stadt sind es in ländlichen Gegenden die Verbote, Katzen zu bestimmten Jahreszeiten generell oder sonst in mehr als 200 m Entfernung von Wohngebieten laufen zu lassen, die dem freien Auslauf Halt gebieten.

Bemerken möchte ich gleich vorweg, daß nicht alle Katzen leinenführig werden. Manche Tiere sträuben sich mit sämtlichen Pfoten gegen das Angeleintwerden und können auch nicht mit Liebe überredet werden.

Wer seine Schöne leinenführig machen möchte, sollte so früh wie möglich damit beginnen. Umso größer sind die Aussichten auf Erfolg. Sie haben die Wahl zwischen einem Katzen-Halsband und dem Geschirr, das um Hals und Brust getragen wird. Ich selbst bevorzuge das Geschirr, da die Katze darin sicherer untergebracht ist. Auch wenn sie zieht oder plötzlich einen Hupfer macht, bleibt sie wohlbehalten im Geschirr, während beim Halsband die Gefahr besteht, daß sie mit dem Kopf durchrutscht oder aber am Hals eingeengt wird. Angeboten werden etliche verschiedene Ausführungen, von der schlichten Ledergarnitur – Geschirr oder Halsband mit der passenden Leine – bis zum eleganten Luxus-Velour-Geschirr, das superweich ist und mit seinen blitzenden Steinen sehr schick aussieht. Manche Leinen sind mit einem Wirbel versehen, damit sie sich beim Verdrehen nicht verkürzen. Seit kurzem gibt es auch für Katzen eine 5 m lange Automatik-Leine („Rollfix").

Und so gewöhnen Sie Ihr Kätzchen an die ungewohnte „Bekleidung": zuerst wird dem Jungtier nur das Geschirr in der Wohnung angelegt, ganz locker am Anfang, dann etwas fester, bis es richtig sitzt. Schmusen Sie dabei mit der Kleinen, reden Sie ihr gut zu und versichern Sie ihr, wie bildschön sie mit dem neuen Schmuck aussieht. Sie wissen ja längst, daß Ihre Katze Sie genau versteht! Lassen Sie am ersten Tag das Geschirr nicht zu lange um, am nächsten darf es schon ein wenig länger sein. Ist die Katze so weit, daß sie sich ohne Schwierigkeiten das Geschirr anlegen läßt, wird die Leine eingehakt. Ich kenne viele Katzen, die vor Seligkeit schnurren, wenn Frauchen nur die Leine und das Geschirr in die Hand nimmt, denn das ist für sie gleichbedeutend mit Spazierengehen. Lassen Sie das Tier die Leine durch das Zimmer ziehen. Nach ein paar Tagen nehmen Sie dann die Führung in die Hand, geben Sie dabei aber bitte zunächst noch den Wanderwünschen der Katze nach. So langsam findet sich die Samtpfötige damit ab, daß ihr Mensch die Richtung bestimmt. Erst wenn Sie und Ihre Katze in diesem Punkt vollkommen einig sind, dürfen Sie mit ihr ins Freie. Versuchen Sie es vielleicht zuerst – falls vorhanden – im Garten. Bei den ersten Spaziergängen auf der Straße müssen Sie immer damit rechnen, daß die Katze durch ein Auto nervös gemacht wird oder daß sie irgendetwas entdeckt, hinter dem sie herjagen möchte. Belebte Straßen eignen sich grundsätzlich nicht für Katzenspaziergänge. Sehr gut ist es, wenn eine Katze auf Reisen leinenführig ist. Vorsicht ist geboten, wenn ein Hund in die Nähe kommt. Leider sind noch immer viele Hunde Katzenjäger und wenn man dann sein Kätzchen nicht blitzschnell auf den Arm nimmt, kann es riskant werden.

Versuchen Sie bitte nicht, Ihre Katze mit Gewalt zum Tragen von Geschirr und Leine zu bringen, nehmen Sie lieber zu einem späteren Zeitpunkt einen neuen Anlauf.

## Die Katze und der Tannenbaum

Kennt Ihre Katze schon einen Tannenbaum? Ich meine jetzt keinen draußen im Garten, sondern den weihnachtlich geschmückten im Wohnzimmer! Falls die Bekanntschaft noch nicht geschlossen wurde, stellen Sie sich bitte darauf ein, daß das Kennenlernen unter Umständen eine aufregende Sache werden kann. Meine Katzen haben immer verschieden auf den ungewohnten glitzernden Wohnungsschmuck reagiert. Manche tippten mit den Pfötchen an das Grün und zogen sich beleidigt zurück, als sie die pieksenden Nadeln spürten. Andere kannten da nichts und gingen der Sache forsch auf den Grund, das heißt, sie versuchten den Baum zu erklettern – ein für Kugeln und anderen zarten Behang wenig bekömmliches Unterfangen. Zweimal kippte unser Tannenbaum dabei um, zum Glück mit elektrischen Kerzen, bis wir jetzt einen praktischen, standfesten Tannenbaumständer haben, der uns das Jahr über in seiner dekorativen Form als große Blumenschale dient.

Eine der Samtpfötigen interessierte sich lediglich für die von mir selbst bevorzugten Schokoladenkugeln. Weil ich da mit ihr nicht einig werden konnte – sie stibitzte fröhlich weiter – nahm ich die Kugeln ab.

Unsere „Munsche" hatte sich auf Fondantringe spezialisiert, die sie in möglichst weitem Umkreis in möglichst kleinen Teilen verstreute. Sie hörte wohl gern das Knacken, wenn sie sie zerkleinerte oder wir darauftraten. Auch das fand die Familie nicht umwerfend gut.

Die buntgescheckte Hexe interessierte sich für die schimmernden Lamettafäden, was ihrem Innenleben allerdings gar nicht bekam.

Inzwischen schmücken wir unsere Tannenbäume unten herum kaum noch, es haben zuviele Glaskugeln dran glauben müssen. Lametta ist gefährlich, Süßigkeiten sind nicht für die

Katze gedacht – da bleibt nicht mehr viel. Auf jeden Fall sollte der Tannenbaum in einer „Katzenwohnung“ sehr fest und sicher stehen, verstecken Sie auch die elektrischen Leitungen für die Baumbeleuchtung so, daß sie die Katze nicht zum Spielen locken.

Unsere Katzen haben bisher die Tannenbäume durchweg als erfreuliche Bereicherung der Inneneinrichtung unserer Wohnung betrachtet. Die einen sahen darin eine prima Versteckmöglichkeit, die anderen fanden es großartig, rund um den Baum herum Fangen zu spielen. Sie waren zum Teil regelrecht eingeschnappt, wenn wir die weihnachtliche Zimmerzier wieder hinaustransportierten. Man kann als Katze eben den noch so geliebten Menschen, diese seltsame Superkatze, nicht immer verstehen. . .

Ein anderes Kapitel ist Silvester. Katzen reagieren auf die übliche Knallerei manchmal mit großem Erschrecken und sausen in Panik davon. Achten Sie deshalb unbedingt darauf, daß Ihre Katze keine Fluchtmöglichkeit hat, wenn's auf Mitternacht zugeht und Sie vielleicht Tür oder Fenster öffnen wollen, um das Feuerwerk zu sehen bzw. selbst das Neue Jahr mit Freudenfeuer zu begrüßen.

## Wollen Sie Katzenzüchter werden?

Ja, das ist so eine Frage, nicht wahr? Wenn man die wonnigen Katzenbabys sieht, möchte man spontan bejahen, aber das wäre ganz bestimmt nicht richtig. Gleich vorweg: Das große Geschäft können Sie mit der Katzenzucht aus Liebhaberei nicht machen – und eine „Vermehrung" auf finanzieller Interessenbasis kommt für Sie als Tierfreund nicht in Betracht. Sicher, besonders schöne Katzen erzielen Preise, die sich sehen lassen. Aber die meisten Katzen gehören nun mal nicht in die Spitzengruppe der Superstars. Gerade bei den Katzen ist ja das große Dilemma, daß es einfach zu viele gibt. Katzen sind zu fruchtbar, sie vermehren sich zu schnell, deshalb gelten sie in den Augen vieler Menschen so wenig. Gäbe es nur alle Jubeljahre mal ein Kätzchen, dann wären Katzen mit Garantie hochangesehen.

Gezüchtet sollten wirklich nur erstklassige Tiere werden, d.h. man benötigt eine ausgezeichnete Kätzin als Stamm-Mutter und einen ebenbürtigen Deckkater als künftigen Herrn Papa. Wer unter die Züchter gehen will, muß Mitglied in einem guten Verband werden. Am besten natürlich dort, wo es international zugeht, also Katzenverbände verschiedener Länder zusammengeschlossen zu einer Dachorganisation gehören (1. DEKZV z.B.). Zugelassen sind nach den Vorschriften des 1. DEKZV pro Jahr höchstens zwei Würfe einer Katze, verantwortungsvolle Züchter allerdings beschränken die Würfe ihrer Katzen auf drei in zwei Jahren. Die Muttertiere sollen ja keine „Gebärmaschinen", wie leider in manchen „Katzenfabriken", sondern selbst kräftig und gesund sein, um ebenso kräftige und gesunde Junge zur Welt zu bringen. Wieviele Kleine eine Katze bekommt, weiß man im voraus natürlich nicht. Das können vier oder fünf sein, es kann aber auch nur ein Junges ans Tageslicht kommen. Die Kleinen brauchen besondere Ernährung und Pflege, die Mutterkatze ebenso, vor allem während der Zeit, in der sie ihre Kinder allein ernährt. Jungkatzen müssen entwurmt und geimpft werden. Gehören sie in die Gruppe der anerkannten Edelkatzen, braucht man vom Verband Papiere, die die vornehme Abkunft bescheinigen. Das alles kostet natürlich etwas. Halt – eins hätte ich fast vergessen! Die Kosten beginnen ja bereits, bevor die Kleinen da sind. Denn die Kätzin muß zum Decken zum Zuchtkater – sonst wird aus der ganzen Geschichte nichts. Gute Deckkater sind rar und alles, was rar ist, ist teuer. Bei Katzen ist das nicht anders. Sie müssen für die Deckgebühr etwa den Preis rechnen, den Sie für ein Jungtier erhalten. Manchmal auch mehr, denn einen Garantieschein, daß die Kleinen alle hochdotierte Schönheiten werden, gibt Ihnen niemand.

Es ist wichtig, sich rechtzeitig um einen Katzenvater zu bemühen. Er muß im Typ zu der Kätzin passen, richtige Katzenzüchter müssen eine Menge über Genetik usw. wissen.

Abb. 11 Bemerken Sie die Ähnlichkeit, die mein Söhnchen mit mir hat? (Siamesen, Besitzerin Dr. Rosemarie Wolff)

Im Rahmen dieses Buches möchte ich auf die Einzelheiten dieses weitgefächerten Gebietes nicht eingehen, denn das ist nur etwas für versierte Züchter oder solche, die es mit allem Ernst werden wollen. Setzen Sie sich mit dem Besitzer des Katers in Verbindung, bevor Ihre Katze rollig wird und wenn der Augenblick da ist, in dem Ihre „Sie“ zu „Ihm“ will, hängen Sie sich sofort ans Telefon, damit Ihnen nicht jemand anders zuvorkommt. Schließlich kann ein Kater nur mit einer Katzendame gleichzeitig Hochzeit halten. Wo gute Deckkater zur Verfügung stehen, erfahren Sie bei Katzenzüchterverbänden. Manchmal klappt es mit dem Decken nicht beim ersten Mal. Einen rechtlichen Anspruch auf Wiederholung haben Sie nicht, aber allgemein sind die Katzenbesitzer bereit, die Katze ein zweites Mal aufzunehmen. Allerdings – manchmal wohnt der Kater, der genau für Ihre Katze richtig ist, ein paar hundert Kilometer entfernt. . . Eine mir bekannte zierliche Rex-Katze muß beispielsweise von Hannover nach Berlin reisen, wenn geheiratet werden soll, weil ihr Auserwählter dorthin verzogen ist.

Katzenzüchter müssen mit ihren Tieren Ausstellungen besuchen, denn schließlich sollen die vierbeinigen Schönheiten ja auch als solche schwarz auf weiß bestätigt werden – und so ihren Wert steigern. Über die Ausstellungen selbst haben wir in einem besonderen Kapitel gesprochen. Für Sie als Aussteller gibt es natürlich noch mehr zu bedenken und zu beachten: Dazu gehört zum Beispiel eine dekorative Gestaltung des Käfigs, in dem die Katze vorgestellt wird.

Manche Käfige sind direkt kostbar ausgestattet mit Samt und Seide, mit Rüschen und Volants, möglichst passend im Farbton zum Fell der Katze. (Beim Bewerten durch die Richter spielt das aber zum Glück keine Rolle, hier geht es nur um das Vergnügen des Auges am Schönen.) Ich kenne Katzenzüchter, die kaum mal ein Wochenende zuhause sind – irgendwo im In- oder Ausland findet fast immer eine Ausstellung statt, zu der sie fahren, um ihre wirklich wunderschönen Katzen vorzustellen. Ein geruhsames Leben ist das allerdings nicht und kostspielig kann es nebenbei auch ganz schön werden.

Abb. 12 Katzenbaby mit Samtpfötchen (Besitzerin Dr. Rosemarie Wolff)

## Das muß man wissen, wenn man nicht züchten will

Ob Sie eine vornehme Rassekatze oder ein Hauskätzchen haben spielt keine Rolle, ein Problem kommt auf jeden Katzenbesitzer zu: die Schöne wird rollig. Oder, wenn man einen Kater hat, fängt er an zu „spritzen", wenn er die Geschlechtsreife erreicht. Wann weibliche Tiere rollig werden oder wann ein männliches das erste Liebessehnen verspürt, ist recht unterschiedlich. Von einer Manx-Katze hörte ich, daß sie fast zwei Jahre alt war, ehe die erste Rolligkeit eintrat. Und dann war sie so wenig ausgeprägt, daß sie völlig verflogen war, nachdem der Katzenhalter mit seinem Tier rund 200 km Autofahrt zum Deckkater absolviert hatte! Hier konnte man im wahrsten Sinne des Wortes von „vergeblicher Liebesmüh" sprechen! (Allerdings beging besagte Manx-Katze einige Zeit später, als niemand an Rolligkeit dachte, einen Seitensprung mit einem ganz normalen Hauskater. Der Erfolg waren drei reizende Katzenkinder, teils mit, teils ohne Schwanz, aber alle kerngesund.) Manche Siamkatzen werden dagegen sehr früh rollig, zu früh für einen operativen Eingriff manchmal. In diesen Fällen kann der Tierarzt mit Medikamenten helfen, daß die Katze nicht tragend wird.

Rollige Katzen sind alles andere als angenehme Hausgenossen. Sie miauen kläglich – und zum Teil sehr lautstark – wälzen sich auf dem Boden und sind unheimlich erfinderisch, wenn es darum geht, aus dem Hause und zum Kater zu kommen. Die Tiere sind wirklich unglücklich, wenn ihr Trieb nicht befriedigt wird. Rolligkeit ist nichts anderes als ein rein körperlicher Trieb und es beeinträchtigt das Wohlbefinden der Katze durchaus nicht, wenn ihr dieser Trieb genommen wird. Das zu wissen ist wichtig, denn noch glauben manche Tierfreunde, man quäle die Tiere, wenn sie kastriert werden.

Geschlechtsreife Kater setzen ihre Duftmarkierungen überall, Deckkater werden deshalb meist gesondert gehalten.

Ihrem Verlangen nach einer Partnerin verleihen die schnurrenden Herren ebenfalls volltönend Ausdruck. Manche Züchter gesellen ihren Katern kastrierte Gefährtinnen zu, damit die Tiere nicht allein sind.

Tierärzte plädieren oft dafür, eine Katze erst einmal rollig werden zu lassen, ehe sie sterilisiert oder kastriert wird. Kater sollen etwa ab dem achten Monat kastriert werden. Für weibliche Tiere wird ein Alter von acht bis zehn Monaten angesetzt. Selbstverständlich ist eine Kastration auch in jedem späteren Alter möglich, zum Beispiel dann, wenn mit einem Tier nicht mehr gezüchtet werden soll. Nur zu früh sollte der Eingriff nicht vorgenommen werden, das schadet der Gesundheit des Tieres. Kürzlich las ich in einer Illustrierten, man könne Kätzchen schon mit vier Monaten kastrieren – da sträubten sich mir die Haare, denn zu dieser Zeit sind die kleinen Dinger ja noch Kinder! Eine verfrühte Rolligkeit kann zwar schon mit sechs oder sieben Monaten auftreten, aber das ist kein Grund, generell einen operativen Eingriff vornehmen zu lassen, wenn das Tier dafür noch nicht reif ist.

Bei der Unfruchtbarmachung oder dem „Neutralisieren" gibt es zwei Möglichkeiten, die Sterilisation und die Kastration. Bei der Sterilisation durchtrennt der Arzt beim Kater die Samenleiter, bei der Katze die Eileiter. Im Verhalten der Tiere verändert sich dadurch nichts, also sie werden weiterhin rollig bzw. spritzen. Beim Kastrieren ist das anders. Hier werden dem männlichen Tier die Hoden entfernt, bei der Kätzin die Eierstöcke herausgenommen. Danach gibt es weder Rolligkeit noch Spritzen. Es kommt allerdings darauf an, daß die Operation gründlich vorgenommen wird, also nicht der geringste Rest der Eierstöcke zurückbleibt, sonst erleben Sie das Dilemma des Rolligseins trotzdem weiter. Suchen Sie einen Tierarzt mit echter Katzen-Erfahrung. In der Tiermedizin ist es nicht anders wie in der Human-Medizin, es gibt verschiedene Spezialgebiete und ein fabelhafter Hunde-Tierarzt muß noch lange nicht ideal für Katzen sein. Mit dem

Können und Wissen hat das nicht das Geringste zu tun. Für Katzen, diese sensiblen und empfindsamen Geschöpfe, ist es aber wesentlich, daß sie bei einem richtigen Katzen-Doktor landen, der sie versteht und mit ihnen umgehen kann. Mitglieder von Katzenzucht-Verbänden oder andere langjährige Katzenbesitzer können Ihnen bestimmt Anschriften nennen, bei denen Sie und Ihre Katze gut aufgehoben sind.

Der operative Eingriff wird bei Katern und Katzen in Vollnarkose vorgenommen. Etwa zwölf Stunden vor der Operation soll das Tier nicht mehr gefüttert werden, auch Trinken ist nicht mehr erlaubt. Da die Eingriffe meist am Morgen vorgenommen werden, empfindet die Katze dieses Verbot nicht besonders stark. Manche Tierärzte wünschen aber auch, daß ihre vierbeinigen Patienten 24 Stunden vor der Operation nichts mehr zu fressen bekommen.

Einige Stunden nach dem Eingriff bekommen Sie Ihr Tier schon wieder zurück. Es ist dann noch schläfrig und benommen. Beim weiblichen Tier befindet sich über der Bauchnaht ein kleiner Schutzverband, der nach zwei oder drei Tagen entfernt wird. Etwa zehn Tage nach der Operation werden die Fäden gezogen. Am Abend des Operationstages darf die Katze bereits wieder etwas trinken, wenn sie Verlangen danach hat. Manchmal besteht nach der Operation Brechreiz, deshalb gibt man den Tieren noch nichts zu fressen. Feste Nahrung würde den Reiz nur steigern. Außerdem wünscht sich das Tier im Moment vor allem Ruhe, das ist klar. Legen Sie zur Vorsicht in den ersten Tagen in das Körbchen Ihrer Katze unter das Kissen oder die Decke einen Schutz, falls sie nicht gleich wieder die volle Kontrolle über das Wasserlassen hat. Hier handelt es sich wirklich um eine reine Vorsichtsmaßnahme, meine Katzen hatten sie nie nötig, sondern konnten immer gleich wieder ihre kleinen und großen Geschäfte kontrolliert erledigen. Ihre Katze steht zwar am Operationstag noch ziemlich unter der Einwirkung der Narkose, deswegen ist jedoch nicht gesagt, daß sie nicht versucht, auf ihren Lieblingsplatz zu gelangen, auch wenn dieser höher gelegen ist. Deshalb lassen Sie die Patientin besser nicht unbeaufsichtigt, denn große Sprünge stehen noch nicht wieder auf dem Programm. Der taumelige Gang des Tieres sollte Sie nicht beunruhigen. Es wird schon am nächsten Tage wieder standfester auf den Beinen sein. Gönnen Sie Ihrer Katze Ruhe, so wird sie am schnellsten wieder fit. Natürlich dürfen Sie sie streicheln und ihr sagen, daß alles bald vorbei sein wird – denn das hilft ihr auch. Wenn Sie die Katze hochheben, bitte mit großer Vorsicht, eine Hand gehört unter die Vorderbeine, die andere behutsam unter das Hinterteilchen.

Am zweiten Tag dürfen Sie Ihrem Liebling etwas zu fressen anbieten, natürlich etwas, was er besonders gern mag. Geflügelhäppchen? Etwas Schlemmercreme? Ein wenig Eigelb, verrührt mit Traubenzucker und Kondensmilch? Wasser sollte in Reichweite der Katze stehen, denn Durst wird sie sicher haben, auch wenn ihr noch nicht nach Futter zumute sein sollte. Am dritten Tag allerdings sollte sie wieder Nahrung zu sich nehmen, sehr viel braucht es nicht zu sein, der Appetit kommt von selbst wieder. Den ersten Stuhlgang hat die Katze am zweiten oder dritten Tag nach der Operation. In den meisten Fällen gibt es dabei keine Probleme.

Kastrierte Tiere müssen nicht „aus dem Leim gehen", wie ein Vorurteil immer noch behauptet. Die Gefahr, daß die Katzen dick werden, besteht eigentlich nur dann, wenn der Eingriff zu früh vorgenommen wurde oder wenn das Tier überfüttert wird. Kastrierte Tiere benötigen meist nach dem Eingriff weniger Energie als vorher. Das muß beim Füttern berücksichtigt werden. Katzen sind nach der Kastration oft weniger temperamentvoll. Häufig werden die Tiere jetzt noch liebevoller und anhänglicher als sie vor der Operation waren. Kater werden oft häuslicher. Tierärzte sehen in dem operativen Eingriff bei weiblichen Tieren eine Art Vorbeugung gegen Unterleibskrebs, der bei Katzen fast immer zu spät erkannt wird.

## Wir wollen unsere Katze gesund ernähren

Katzen sind keine Fleischfresser sondern Tierfresser, das ist ein gewaltiger Unterschied und Experten legen Wert auf diesen Hinweis. Alle Katzen gehören zur großen Familie „Felidae“, ob es sich nun um Löwen, Leoparden, Tiger oder unsere geliebten Hausgenossen handelt. Aus der Raubtier-Vergangenheit haben die Katzen (ich meine jetzt unsere Freunde, die täglich um uns sind) einige Freßgewohnheiten beibehalten, nur brauchen sie heute durch die Umgewöhnung zum Heimtier mehr Kohlehydrate als ihre frei lebenden großen und kleinen Verwandten.

Auf gar keinen Fall sind Katzen lebende Müllschluckanlagen und Resteverwerter! Der Organismus einer Katze bedarf einer anderen Nahrungszusammenstellung als wir Menschen und deshalb dürfen wir die Tiere auch nicht einfach mit dem abspeisen, was von unseren Mahlzeiten übrig bleibt. Das bedeutet nicht, daß unsere Schöne nicht ab und zu mal ein Sonderhäppchen von dem abbekommt, was wir selbst essen. Wissenschaftler, die ich nach dem berühmten „Extrabissen“ fragte, meinten augenzwinkernd, daß auch ihre Katze oder Hunde (manchmal hielten sie auch beides) mal dies oder jenes „von des Herrchens Tische“ erhalten. Grundregel dabei ist nur immer, daß es beim Miniportiönchen bleibt und die richtige Mahlzeit aus Katzenfutter besteht.

Als Faustregel kann gelten, daß etwa zwei Drittel Fleisch oder Fisch und ein Drittel Getreideprodukte oder Teigwaren eine gesunde Katzennahrung bilden. Darüber hinaus gehören ausreichend Vitamine, Mineralstoffe und Spurenelemente dazu. Tierisches Eiweiß allein reicht nicht aus, Katzen benötigen im richtigen Verhältnis Eiweiß aus pflanzlichen und tierischen Produkten. Eine Katze, die an Eiweißmangel leidet, wird apathisch und krank. Reine Eiweiß-Ernährung ist ebenso ungesund und führt zu schweren Mangelerscheinungen. Es ist nicht ganz einfach, sich selbst die genau dosierte Katzennahrung zusammenzustellen und billig ist es auch nicht. Auf jeden Fall dann nicht, wenn man es richtig machen möchte.

Bei selbstzubereitetem Futter wird häufig die Vitaminzufuhr vernachlässigt oder die in den Zutaten vorhandenen Vitamine werden durch das Kochen abgetötet bzw. stark gemindert. Als Ausgleich sollte man unbedingt entweder ein paar Tropfen Multibionta-Tropfen geben oder Vitakraft Catquick, Multivitaminpaste, GIMPET-Katzentabs, Bella-bon-Vitamintropfen oder Catsanal. Katzenkuller und Appetitstäbchen enthalten ebenfalls Vitamine und sind außerdem gesunde Leckerbissen für die Katze. Schokolade und Kuchen, bekommen dem Katzenmagen nicht sonderlich und führen höchstens dazu, daß die Tiere zu dick werden.

Für die Anhänger der Do-it-yourself-Methode bei der Futterzubereitung sei betont, daß Abwechslung auf dem Speisezettel herrschen muß, damit die Katze auch wirklich alles bekommt, was sie zur Gesunderhaltung braucht. Zwischendurch darf eine Mahlzeit immer einmal aus geschlagenem rohen Eigelb (das Eiweiß wird nicht roh gegeben) mit Hefeflocken oder Milchhefeflocken, etwas Traubenzucker und einem Schuß Kondensmilch bestehen. Haben sich kleine Pölsterchen gebildet, wird mal ein Schlankheitstag mit Pussy-Flakes eingelegt, die wenig Kalorien enthalten.

Milch ist für Katzen kein Getränk sondern ein Nahrungsmittel. Kuhmilch wird oft nicht vertragen, manche Katzen bekommen davon Durchfall. Die Ursache liegt dabei im unverdauten Milchzucker (Laktose), nicht etwa daran, daß Milch zu fett für die Katze wäre. Wenn aber eine Katze durchaus kein Wasser trinken will – bei meinen Katzen habe ich das zur Genüge erlebt – kann man eine „optische" Milch durch starke Verdünnung herstellen. Eine meiner Katzen trank mehr als zwei Jahre kein Wasser, dann auf einmal lehnte sie ihre verdünnte Milch strikt ab und schlabberte von da an nur noch Wasser. Verdünnte Kondensmilch vertragen Katzen allgemein gut, cat-milk wurde außerdem speziell für Katzen entwickelt.

Geräuchertes, Gesalzenes oder Knochen – Ausnahme sind Kalbsknochen – geben wir der Katze nicht. Wollen Sie Fleisch von aufgetautem Geflügel füttern, bitte wegen der Salmonellengefahr immer vorher kochen. Leichtverdauliches und hochwertiges Eiweiß ist in Muskelfleisch, in Innereien, Fisch, Eiern, Milch und Quark enthalten. Nieren werden vor dem Verfüttern gut gewässert, Leber gibt es nur ab und zu in kleinen Portionen, möglichst gekocht. Rohe Leber führt ab. Katzenkindern bis zu einem Jahr geben Sie bitte keine Leber. Frau Dr. Patricia P. Scott, Professor an der Royal Free Hospital School of Medicine, Universität London, gehört zu den Wissenschaftlern, die im Laufe der letzten 25 Jahre zum Teil revolutionierende Erkenntnisse im Tierernährungsbereich gewannen und die Leber als das ideale Katzen-Nahrungsmittel aus dem Sattel hoben. Leber als Lieferant von Vitamin A in der richtigen Menge – gut und schön. Ein Zuviel würde schlimme Folgen auf Dauer haben. Es ist eben immer wieder das „Gewußt wie"!

Gern fressen Katzen Eintagsküken mit Haut und Haaren. Viele Züchter füttern diese „Vollnahrung" gern, natürlich nicht ausschließlich.

Fisch geben wir der Katze gekocht und entgrätet, Salzhering oder Räucherfisch bleibt für den menschlichen Verbrauch allein. Manche Katzen mögen ab und zu mal Lunge, die kaum Nährwert hat und deshalb ganz angebracht ist, wenn etwas für die schlanke Linie getan werden soll. Am besten brühen Sie Lunge ab, bevor Sie sie der Katze geben.

Nudeln, Reis, Grieß, Mehl und Getreideflocken gehören zu den Lieferanten von Kohlehydraten, außerdem Kartoffeln. Bitte beim Selbstzusammenstellen des Futters darauf achten, daß es nicht zuviel des Guten wird, sonst stimmt das Ernährungsprogramm nicht mehr.

Erbsen, Möhren, grüne Bohnen, Lauch, mal etwas Zwiebel sind die Gemüse, die in gekochter Form gegeben werden. Möhren dürfen auch roh gerieben zum Futter kommen, Salatblätter, gehackte Petersilie oder etwas Spinat ebenfalls ungekocht. Es werden jeweils kleine Mengen unter das Futter gemischt.

Wie gesagt, es ist nicht ganz leicht, am eigenen Herd die Mahlzeiten für die Katze zusammenzustellen, auf der einen Seite sind es immer nur kleine Mengen, auf der anderen müssen sie jedoch in Gehalt und Beschaffenheit den Bedürfnissen der Katze entsprechen. Heute geht immer mehr der Trend zum Fertigfutter hin, das in großer Auswahl und ausgezeichneter Qualität angeboten wird. In diesen Katzen-Menus ist wirklich alles enthalten, was nach dem neuesten Stand der Ernährungswissenschaft erforderlich ist. Die Produktion des Fertigfutters unterliegt den sehr strengen Bestimmungen des Futtermittelgesetzes, das eigentlich für Nutztiere entwickelt wurde, von dem aber heute unsere Heimtiere profitieren.

So gelangen zum Beispiel nur hochwertige Rohmaterialien zur Verwendung, die ständiger Kontrolle unterliegen, Freibankfleisch darf nicht verarbeitet werden. Beim Dosenfutter ist vom Gesetzgeber zur Vergällung für den menschlichen Genuß eine Knochenschrotzugabe von 1,2% vorgeschrieben, durch die gleichzeitig ein Teil der wichtigen Kalziumzufuhr gedeckt wird.

Bei einem Besuch beim größten deutschen Hersteller von Hunde- und Katzenfertigfutter in Verden konnte ich mich davon überzeugen, wie hygienisch und voll den Vorschriften entsprechend dort alles vor sich geht. Die Etiketten der Dosen mit Fertigfutter müssen genau aufzeigen, was an Inhaltsstoffen enthalten ist, auch die Zusatzstoffe gehören dazu. Monat und Jahr der Herstellung sind auf den Dosenboden gestanzt, für die Haltbarkeit der Vitamine wird ein Jahr die volle Garantie übernommen. Eine ungeöffnete Dose bleibt drei Jahre voll verwertbar. Es ist auf dem Etikett auch vermerkt, wieviel Joule eine Dose enthält und wieviel etwa eine mittelgroße Katze pro Tag benötigt. Natürlich können das nur Mittelwerte sein, denn eine lebhafte Katze braucht mehr Futter als eine sehr ruhige.

Dosenfutter entspricht, so weit das irgend möglich ist, den Beutetieren, die eine Katze fängt (Mäuse usw.). Diese Beutetiere werden von der Katze mit Haut und Haaren verspeist – deshalb die Unterscheidung zwischen „Fleischfresser" und „Tierfresser". Angeboten wird auch Dosenfutter als reine Fleischnahrung. Wenn Sie davon füttern, braucht die Katze zusätzlich Gemüse, Kartoffeln, Haferflocken oder Reis bzw. Grieß. Wenn Ihre Katze ab und zu gern mal ein bißchen frisches Obst frißt, so ist das keine Geschmacksverirrung, sondern ein völlig normales Verhalten.

Eine meiner Katzen ist glücklich, wenn sie frische Pellkartoffeln – in kleinen Mengen – verputzen darf, eine andere kaut genüßlich Weintrauben, die Hauskatze einer Bekannten schlabbert Spaghetti mit Hingabe. Das sind dann aber wirklich immer nur Zwischendurchhappen, die es nicht alle Tage gibt. Manche Dinge mögen Katzen auch nur, wenn man sie ihnen aus der Hand anbietet – im Futternapf würden sie einen großen Bogen darum machen. So sind Katzen nun mal. Sie mopsen auch schrecklich gern, Katzenbesitzer wissen das. Ich habe es erlebt, daß Katzen ein bestimmtes Futter ablehnten, wenn man es ihnen normal anbot. Fanden sie dagegen das gleiche Futter irgendwo „versteckt", so futterten sie drauflos, als hätten sie tagelang nichts bekommen.

Ginge es lediglich nach der Zusammensetzung des Futters, könnte eine Katze ständig mit der gleichen Sorte gefüttert werden. Doch so etwas widerstrebt dem menschlichen Besitzer. Außerdem kommt es vor, daß Katzen plötzlich etwas nicht mehr mögen und mit deutlich abwertenden Scharrbewegungen kundtun, daß Frauchen oder Herrchen ihnen gefälligst etwas anderes servieren möge! Anders herum ist es nicht selten, daß Katzen auf einmal eine Vorliebe für eine

Sorte Dosen- oder Trockenfutter entwickeln, das sie vordem gar nicht beachtet haben. Bei Katzen muß man eben stets auf Überraschungen gefaßt sein, das ist eines der wenigen Dinge, die typisch für Katzen sind.

Haben Sie die Absicht, Ihre Katze etwa von Thunfisch auf Rindfleischstückchen (Dosenfutter) umzupolen, so gehen Sie am besten listenreich vor. Mischen Sie von der neuen Sorte zuerst einmal recht wenig unter das bekannte Futter und steigern Sie den Zusatz täglich – so haben Sie die größten Aussichten auf Erfolg. Mein Rat: Kaufen Sie zunächst nur eine kleine Dose des neuen Futters. Über die Güte eines Futters kann man nicht urteilen, weil die eigene Katze es mag oder verweigert. Unsere Samtpfötigen sind Leckerschnuten mit sehr eigenen Ansichten über das, was gut ist und was nicht. Dabei gehen die Meinungen untereinander meilenweit auseinander, die eine Katze frißt zuerst das Jus aus der Dose, weil sie's am liebsten mag, die andere läßt es liegen, weil es ihr nicht schmeckt. Was soll man dazu sagen? Ich habe mit dem Verfüttern von Whiskas, Latz und Kitekat – um nur einige zu nennen – sehr gute Erfahrungen gemacht.

Trockenfutter ist ebenfalls eine Vollnahrung, nur wurde hier die Feuchtigkeit entzogen. Katzen fressen Trockenfutter häufig erst nach dem Zahnwechsel (etwa im Alter von einem halben Jahr). Trockenfutter wie Pussy-Flakes, Brekkies, Latzi-Katz, Friskis usw. kann man auch mit Milch oder Wasser anrühren. Wird Trockenfutter gegeben, braucht die Katze erheblich mehr Flüssigkeit, als wenn sie Dosenfutter (das enthält ca. 80% Feuchtigkeit) bekommt. Frißt die Katze Trockenfutter und trinkt trotzdem nicht ausreichend, so ist es besser, man geht auf das feuchte Dosenfutter zurück, um gesundheitliche Schäden zu vermeiden. Neben der Schale mit Trockenfutter muß unbedingt ständig frisches Trinkwasser parat stehen. Eine weitere Futtervariante ist das Softfutter „Purina Delikat“, das es in verschiedenen Geschmacksrichtungen gibt. Hier verbindet sich das Praktische des Trockenfutters mit dem Saftigen vom Dosenfutter. Die größte Erfahrung mit Fertigfutter hat man heute wohl in dem Animal Studies Center in Waltham, England.

Als ich einer Einladung der Effem-Forschung für Kleintiernahrung folgte, war ich wirklich überrascht: Äußerlich bietet Waltham durchaus keinen „wissenschaftlichen" Eindruck, es sieht viel mehr aus wie ein wunderhübsches, typisch englisches Gutshaus inmitten lieblich-grüner Landschaft. Mit dem geschwungenen Reetdach, den weißen Gattern, mit Hecken und einem Teppichrasen, der mich neidisch werden ließ, wirkt Waltham wie ein recht anziehendes Urlaubsziel. Aber im Innern geht es nach dem neuesten Stand der Forschungstechnik für Kleintiernahrung zu. Ein Team von Wissenschaftlern arbeitet unter Leitung von Dr. Anderson. 300 Katzen und 150 Hunde sind die „Versuchstiere", aber nicht im bösen Sinn des Wortes. An ihnen und mit ihrer – wenn auch unbewußten – Hilfe werden neue Futter für ihre „Verwandten" entwickelt. Auch eine Menge bunter Wellensittiche gibt's und tropische Zierfische. Für diese Spezies Tiere werden ebenfalls neue Nahrungsmittel erforscht.

Die Tiere leben in Zwingern, die Auslauf nach draußen haben. In einem großen Raum sah ich rund 40 Katzen, große und kleine, schwarze und bunte, rote und graue. In ihrem Auslauf schwingt eine Schaukel, es gibt Kletterbäume und Kuschelecken. Die Tiere sind friedfertig und lassen sich mit hingebungsvollem Schnurren streicheln. Täglich kommt ein von dem Forschungszentrum unabhängiger Tierarzt, der die maunzenden und bellenden Insassen betreut. In Waltham wurde u.a. der Beweis erbracht, daß man Heimtiere ausschließlich mit Fertigfutter ernähren kann. So gibt es Hunde und Katzen, die schon seit einigen Generationen nur dieses Futter in verschiedenen Variationen bekommen. In den Test-Produkten ist jeweils von Anfang an alles enthalten, was die Tiere an Stoffen benötigen. Es geht in den Versuchen nun darum, wie die Akzeptanz (Bereitwilligkeit zur Annahme) des Futters ist, wie sich die neue Nahrung auf das Wachstum, die Knochenbildung, das Fell, das Verhalten auswirkt. Es wird auch getestet, wie es um den Nachwuchs bestellt ist und wie die Milchbildung bei den Muttertieren reagiert. Für trächtige und säugende Tiere befinden sich auch stets wieder neue Nahrungszusätze im Versuch.

Die modernste Testmethode sind Video-Aufzeichnungen. Im Zeitrafferverfahren werden die Tiere rund um die Uhr (nachts mit Hilfe von Infrarotlicht) beobachtet, ohne daß sie es merken. Es stellte sich heraus, daß Katzen, die ständig Zugang zum Futter haben, 15- bis 20mal innerhalb von 24 Stunden daran gehen und kleine Mengen fressen. Dabei gibt es keine merklichen Unterschiede, ob Trockenfutter, Halbfeuchtfutter (Softfutter) oder Vollnahrung aus der Dose angeboten wurden. Die aufgenommene Kalorienmenge blieb fast konstant.

Bei Katzen zeigte sich, daß diese am liebsten Futter von etwa 39 Grad C Temperatur fressen. Das ist darauf zurückzuführen, daß sie im freien Leben Beutetiere sofort nach dem Schlagen – also noch warm – verzehren. Man darf Katzen niemals Futter direkt aus dem Kühlschrank anbieten. Erstens bekommt ihnen das nicht, zweitens lassen sich die Tiere gern vom Duft der Nahrung, der sich bei Kälte natürlich nicht entwickelt, anregen. Übrigens mögen Katzen südlich der Mainlinie Fischnahrung nicht sonderlich gern, während die nördlicher wohnenden Miezen gerade diese bevorzugen. Angetrocknete Reste mag die Katze nicht. Ebenso sollte man das Trinkwasser mehrmals täglich erneuern.

Katzen gewöhnen sich schnell an ihre Fütterzeiten, wenn man sie regelmäßig einhält. Sie melden sich dann schon bei Ihnen, falls Sie das wichtige Ereignis vergessen sollten. Allgemein bekommen erwachsene Katzen zweimal täglich Futter, kleinere Portionen können auch dreimal gegeben werden. Ein Ernährungswissenschaftler fütterte seine Katzen mehrmals täglich mit immer „mäuschengroßen“ Rationen.

Dagmar Thies, die sehr viel Erfahrung mit Siam- und Orientalisch Kurzhaarkatzen hat, füttert die Hauptmahlzeit am Abend, da die schrecklich neugierige vierbeinige Bande sonst nicht in Ruhe frißt – aus Angst, irgend etwas um sie herum zu versäumen. Gerade unter den Kurzhaarkatzen finden wir ja besonders neugierige Rassen, die stets und überall dabei sein müssen. Normalerweise putzt und wäscht sich eine Katze nach der Mahlzeit erst einmal so richtig schön ausgiebig mit ihrer rauhen kleinen Zunge. Danach hält sie Siesta. Während des Ruhestündchens soll man sie nicht stören, sie braucht die Pause zum Verdauen. Auch geknuddelt mag sie jetzt nicht werden. Meine Katzen bekommen ihre Hauptmahlzeit mittags, sie gehören wohl zu der Kategorie, die ihren Wissensdurst in Grenzen hält. Jedenfalls lassen sie sich beim Fressen nicht stören, wenigstens dann nicht, wenn das richtige für den Katzengeschmack im Schälchen ist. Wie sich Ihre Katze verhalten wird, kann man nicht vorhersagen, probieren Sie es aus. Ist das Tier mittags zu unruhig, verlegen Sie die „Abfütterung der Raubtiere" in die späteren Stunden des Tages.

Katzenkinder, die eben vom Züchter kommen, erhalten natürlich mehrmals täglich kleine Portionen Futter. Ein drei Monate altes Kätzchen möchte fünfmal am Tag fressen. Geben Sie zunächst am besten eine Nahrung, wie sie auch der Züchter verabfolgt hat. Das Kleine muß sich in der ersten Woche auf so viele neue Dinge umstellen, daß man mit dem Einführen anderer Füttermethoden noch etwas warten sollte. Der Züchter gibt Ihnen gern einen Speisezettel, damit Sie genau wissen, was wann gegeben wird. Ist das Kätzchen ganz bei Ihnen zuhause, so können Sie langsam die Ernährung so umstellen, wie sie künftig durchgeführt werden soll. So können Sie ein Katzenbaby füttern, wenn Sie keine anderen Anhaltspunkte haben:

1. Ein Eigelb, ein Eßlöffel Whiskas Thunfisch, ein Teelöffel Hefeflocken

2. Ein Teelöffel GIMPET-Vitamin-Katzenflocken oder Pussy-Flakes, 50 g gekochter Fisch oder 60 bis 100 g feingeschnittenes Rind- bzw. Schweineherz ohne Fett, dazu ein Schuß Dosenmilch.

3. 50 g Schabefleisch, 50 g Milch, ein halbes Brötchen, etwas gedünstetes Gemüse, ein Eigelb.

4. Ein Brei aus Nestle-Kindernährmittel, mit etwas Schabefleisch oder einem Eigelb oder einem Eßlöffel Geflügelhäppchen aus der Dose.

Ab dem vierten Monat erhält die kleine Katze eine Mahlzeit weniger, dafür jeweils mengenmäßig etwas mehr. Ab fünftem Monat gibt es noch drei Mahlzeiten, die wieder größer geworden sind. Unser Katzenkind darf jetzt „Erwachsenenkost" fressen. Katzenkindern gibt man dreimal in der Woche fünf Tropfen Multibionta oder einige Tropfen bellabon, um den erhöhten Vitaminbedarf zu decken.

Katzen mögen Gras – warum das so ist, kann keiner genau sagen. Auf jeden Fall helfen die langen Halme den Tieren beim Verdauen der beim Putzen verschluckten Haare. Häufig würgen Katzen die Haare zusammen mit dem Gras wieder aus. Das ist kein krankhaftes Erbrechen, sondern bringt dem Tier Erleichterung. Zusammengeballte Haare im Katzenmagen können zu erheblichen Beschwerden führen. Eine andere Unterstützung der Verdauung ist Malt-Verdauungshilfe aus der Tube, von der man täglich ein kleines Stückchen geben darf. Meine eigenen Katzen bekommen diese Paste täglich und erbrechen sehr selten. Allerdings erwarten sie auch regelmäßig, wenn ich in den Garten hinausgehe, daß ich ihnen ein paar Grashalme mitbringe, die sie genüßlich wegkauen. Man darf aber nicht glauben, daß Katzen jedes beliebige Gras nehmen, nein, weit gefehlt. Sie haben da schon ihre besonderen Spezialitäten, die auch wieder unterschiedlich sind. Im Fachhandel bekommen Sie kleine Schalen mit Katzengras, die nur gegossen werden müssen und nach einigen Tagen sprießen. Aus diesen Schalen dürfen sich die Katzen allein bedienen. Manche Tiere mögen auch frische Hafertriebe, die man sich selbst im Blumentopf ziehen kann. Eine meiner Katzen fraß am liebsten das Vitakraft-Exotenfutter, das ich für meine Zebrafinken keimen ließ. Man erhält auch Katzengras-Samen, den man problemlos zum Sprießen bringt, Sie können dazu einen Joghurtbecher oder einen Bay-Keramik-Übertopf (gibt es in Form eines kleinen Sackes) benutzen, gedeihen tut's immer.

## Katzen brauchen Vitamine

Vitamine für unsere Katze – so hieß eines der Hauptthemen eines Seminars, das die Effem-Forschung für Kleintiernahrung mit Experten der Tierernährungslehre als Referenten veranstaltete. Gerade auf diesem Gebiet herrscht so manche falsche Vorstellung, die für unsere samtpfötigen Freunde gefährlich werden kann. Katzen brauchen Vitamine, das ist klar, aber sie benötigen kein Vitamin C, da es von Katzen selbst synthetisiert wird. Wichtig für sie ist dagegen Vitamin A. Da sie nicht, wie zum Beispiel Hunde, fähig sind, beta-Karotin, das in grünem Gemüse vorkommt, in Vitamin A umzuwandeln, muß ihnen dieses Vitamin in reiner Form zugeführt werden. Enthalten ist Vitamin A besonders reich in Leber. Wer nun jedoch meint, seine Katze überwiegend mit Leber füttern zu müssen, liegt grundfalsch. Eine überhöhte Dosis des Vitamins führt nämlich zu schweren Erkrankungen der Tiere. Es kommt zu Verkrüppelungen und Skelettverformungen. Vitamin-A-Mangel zeigt sich in Appetitlosigkeit, Gliederschwäche sowie in Veränderungen der Augen und der Haut. Leber sollte höchstens zweimal pro Woche als Beigabe gefüttert werden. Im Fertigfutter ist Vitamin A – genau wie die übrigen wichtigen Vitamine – in der richtigen Menge enthalten. (Achten Sie auf die Tabellen, die an den Dosen bzw. Packungen stehen.)

Beim Vitamin D sieht es ähnlich aus: die Katzen brauchen es, besonders Jungtiere. Bekommt ein Kätzchen, das sich im Aufbau befindet, zuviel davon, sind Wachstumsschäden die Folge. Die Gliedmaßen wachsen verbogen oder verdreht weiter. Eine Hilfe gibt es dann nicht mehr. Auch erwachsene Katzen bleiben von Folgeschäden nicht verschont, wenn sie unsachgemäß Vitamin D erhalten. Bei der Ernährung der Katzen ist es unbedingt erforderlich, daß Kalzium und Phosphor im für die Tiere geeigneten Verhältnis gegeben werden.

Reicht die Vitamin-D-Zufuhr nicht aus, wird die Kalziumaufnahme im Darm gestört. Für den Laien ist es wirklich nicht einfach, hier das genaue Maß zu finden. So sind Leber, Herz, Niere oder reines Muskelfleisch fast kalziumfrei. Das richtige Verhältnis von Kalzium und Phosphor liegt etwa bei 1 : 1, es verschiebt sich bei der genannten einseitigen Ernährung aber gewaltig zugunsten des Phosphors.

Wird nicht die Fütterung umgestellt, kommt es zu Entkalkungen der Knochen, zu Schmerzen und in extremen Fällen zu Knochenbrüchen und Lähmungserscheinungen, speziell bei jungen, noch nicht ausgewachsenen Tieren. Beim Kauf von Dosenfutter sollte man darauf achten, daß Kalzium und Phosphor im richtigen Verhältnis enthalten sind.

Einen hohen Bedarf haben Katzen an Vitamin B, er liegt weit über dem eines Hundes. Da verschiedene Vitamine der B-Gruppe durch Erhitzen zerstört werden, gibt man sie heute dem Dosenfutter als besonderen Zusatz bei. Leber enthält viel Vitamin B, genau wie Vitamin A. Bestimmte Darmbakterien der Katze produzieren Vitamin B, durch Durchfallerkrankungen kann diese Erzeugung aber gemindert werden. Deshalb muß eine über längere Zeit an Durchfällen leidende Katze (auch anhaltende andere Darmstörungen können hier eine Veränderung hervorrufen) Vitamin B als Nahrungsergänzung erhalten. Auf einen akuten Vitamin-B-Mangel kann zum Beispiel büschelweiser Haarausfall hinweisen.

Für eine Katze ist Nicotinsäureamid lebenswichtig, ein im Muskelfleisch, in Leber, Niere, Hefe und manchen Gemüse- und Getreidearten vorkommender Stoff mit Vitaminwirkung. Zusammen mit Vitamin B erfüllt Nicotinsäureamid wichtige Funktionen im Zellstoffwechsel. Ohne Nicotinsäureamid überlebt eine Katze keine drei Wochen. Die typischen Mangelsymptome sind Fieber, Durchfall und zähflüssiger Speichel.

Bei einer ausgewogenen Ernährung wird man keinen Mangel an Vitamin E feststellen. Auch über Erkrankungen bei einem Überangebot ist nichts bekannt. Ab und zu kann Vitamin-E-Mangel auftreten, wenn einer Katze in großen Mengen Leber, Fisch oder Lebertran gefüttert wird. Appetitmangel, Fieber und Schmerzen können die Anzeichen sein, außerdem eine deutliche Bewegungsunlust. Diese Erkrankung gehört auf jeden Fall in ärztliche Behandlung, sonst kann sie zum Tode des Tieres führen.

Ein anderes Vitamin allerdings finden Sie in keiner Dose, in keiner Packung und auch in keinem ärztlich verordneten Medikament. Und trotzdem ist es lebenswichtig. Sie kennen es alle – ich meine das Vitamin L mit „L“ für Liebe. Man kann eine Katze noch so sorgfältig füttern, ihr alle Stoffe zuführen, die sie zur Gesunderhaltung benötigt, sie wird dennoch kein gesundes, putzmunteres Katzendasein führen. Ohne menschliche Zuwendung kann sie nicht gedeihen, sie braucht die Zärtlichkeit ihres Menschen, und wir sollten uns immer bewußt sein: Wenn wir ein Tier in unser Haus holen, so tragen wir dafür die Verantwortung. Und wenn wir es nicht, wie es seiner Natur entsprechen würde, frei leben lassen, so müssen wir Sorge tragen, daß es für diesen Mangel entschädigt wird durch unser Verständnis – eben durch „Vitamin L“.

## Der Umzug mit unserer Katze

Von Natur aus haben die meisten Katzen etwas gegen das Umziehen. Sie gewöhnen sich an ihr Zuhause genau wie wir Menschen. Das bedeutet aber nicht, daß eine Katze sich mehr an ihre Umgebung als an ihren Menschen gewöhnt. Lebt das Tier mit seinen Menschen in enger Verbindung und fühlt es sich geborgen in der menschlichen Gesellschaft, so ist es viel mehr personenbezogen als hausgebunden. Anders sieht es bei Katzen aus, die lediglich als Nutztiere zum Mäusefangen zum Beispiel auf einem Bauernhof gehalten werden, ohne wirklichen Kontakt zu einem bestimmten Menschen zu haben. Diese Katzen sind „ortsgebunden“. Muß man nun einen Tapetenwechsel vornehmen, sollte man die Katze möglichst fern halten von dem ganzen lauten Drum und Dran, das sie so gar nicht mag. Erlauben Sie nicht, daß die Katze in der Wohnung herumläuft, wenn die Möbelleute an der Arbeit sind. Zwar wird es so mancher kleinen Neugier nicht passen, daß sie eingesperrt wird, aber zu ihrem eigenen Vorteil kann Frauchen diesmal keine Rücksicht auf die Gefühle ihrer schönen Freundin nehmen. Notfalls kommt die Katze in ihre Korbhöhle oder eine Heimtiertragetasche, wenn alles andere nicht mehr „katzensicher“ genug ist. Reden Sie liebevoll mit dem eventuell verstörten Tier, erzählen Sie ihm, daß diese ganze Ungemütlichkeit kein Dauerzustand ist, sondern sehr bald vorüber sein wird.

Im neuen Heim müssen Sie wieder sehr vorsichtig sein und strikt darauf achten, daß die Katze nicht etwa ausreißen kann. Also, bitte, Türen und Fenster geschlossen halten, wenn die Katze in der Nähe ist. Gelingt es dem Tier zu entwischen, so kann das leicht auf Nimmerwiedersehen sein. Es rennt dann nämlich hinaus auf die Straße ins Unbekannte, wird von dem Verkehrslärm noch mehr irritiert und verschwindet schließlich irgendwo in seiner Angst. Oder es wird überfahren. Lassen Sie die Katze vorerst auch nicht auf den Balkon, wenn er nicht katzensicher gemacht ist. Das Tier muß erst völlig heimisch in der neuen Umgebung sein, ehe es eventuell gewohnte Freiheiten wieder genießen darf.

Richten Sie in der neuen Wohnung das Plätzchen für die Katze möglichst ganz ähnlich ein wie im alten Heim. So fällt der Katze das Einleben leichter. Die Möbel kennt sie ja meist noch aus der alten Heimat und wenn ihr Kuscheleckchen dann auch noch an das alte erinnert, ist schon viel gewonnen. Trotzdem sind Katzen zuerst unruhig und müssen sich in das Ungewohnte hineinfinden. Helfen Sie Ihrem Kätzchen dabei mit Ihrem Verständnis, kümmern Sie sich viel um das Tier, damit es spürt, daß das Wichtigste in seinem Leben – nämlich Sie, die vertraute Bezugsperson – ja unverändert geblieben ist.

## Wohin mit der Katze im Urlaub?

Wenn man seinen Urlaub plant, überlegt man auch gleich, was in dieser Zeit mit der Katze geschehen soll. Die Zeit, die für uns Menschen Erholung und Freude bringt, ist für viele Tiere leider der Beginn eines Leidensweges. Das ist in jedem Jahr dasselbe – Hunde und Katzen, vorher geliebt und verwöhnt, werden einfach ausgesetzt, weil die Besitzer sie jetzt nicht gebrauchen können. Nach dem Urlaub kann man sich ja ein neues Tier kaufen – bis zum nächsten Urlaub. . .

Am einfachsten ist es, wenn die Katze in ihrem Heim bleiben kann. Das ist durchaus möglich, wenn sichergestellt ist, daß sie regelmäßig wie gewohnt ihr Futter und frisches Getränk erhält, daß ihr Klo saubergehalten wird und sie – das ist ganz wichtig – ihre Streicheleinheiten bekommt. Oft übernehmen Freunde diese Aufgabe. Oder man gibt das Tier zu Bekannten, vielleicht im Austausch nach dem Motto: Nimmst du mein Tier, nehme ich dein Tier.

In der Bundesrepublik haben sich inzwischen Cat-Sitter-Clubs gebildet, die Katzen ihrer Mitglieder während deren Abwesenheit versorgen. Hier ist eine Anschrift, über die Sie Näheres erfahren können: Deutscher Katzenschutzbund e.V., Gruppe Düsseldorf, Telefon (0211) 23 31 92. Auch in Katzenzüchterverbänden kann man Ihnen sicher Auskunft geben (1. DEKZV, Tel. 06121/30 00 16).

Katzenzüchter nehmen Tiere aus ihrer eigenen Zucht häufig während der Ferien wieder auf. Das ist eine gute Lösung, weil Sie die Verhältnisse kennen. Anders ist es mit Tierpensionen, die man wirklich nicht über einen Kamm scheren kann. Es gibt darunter ausgezeichnet geführte Häuser, in denen die Katzen liebevoll und mit Fachkenntnis behandelt werden. In anderen dagegen haben es die Tiere nicht gut und die Besitzer bekommen sie in schlechtem Zustand zurück. Ziehen Sie Erkundigungen ein, ehe Sie sich für eine Pension entscheiden, gehen Sie möglichst selbst hin und überzeugen Sie sich, daß alles seine Ordnung hat.

Gute Katzenpensionen sind immer schnell ausgebucht, vor allem in der Haupturlaubszeit. Reservieren Sie deshalb frühzeitig ein Plätzchen für Ihre Katze, damit Sie unbesorgt verreisen können.

Geben Sie die Katze aus dem Haus, dann packen Sie alles ein, was sie braucht: ihren Schlafkorb, die Toilette, Pflegeartikel, Futter- und Trinkschüssel und, nicht zu vergessen, besonders geliebtes Spielzeug. Für Ihre Katze ist es wichtig, daß die vertrauten Gegenstände um sie sind, wenn Sie schon nicht bei ihr sein können. Wenn Sie Ihre Katze mit auf die Urlaubsreise nehmen, gehören alle die genannten Dinge zum Reisegepäck. Dann aber außerdem noch Streu für die Toilette, das gewohnte Futter und eventuell auch etwas cat-milk, wenn Sie dem Tier nicht nur Wasser als Getränk geben.

Kommt die Katze in andere Hände, schreiben Sie einen Speisezettel mit genauer Anleitung für den Betreuer. Notieren Sie die Telefon-Nummer Ihres Tierarztes, damit im Notfall gleich die richtige Adresse bekannt ist. Ist Ihre Katze leinenführig, packen Sie auch das Geschirr und die Leine ein. Machen Sie darauf aufmerksam, daß in den ersten Tagen, genau wie beim Umzug, damit zu rechnen ist, daß die Katze einen Fluchtversuch unternimmt. Menschen, die nicht selbst ständig mit Katzen zu tun haben, denken daran bestimmt nicht von selbst.

Wollen Sie Ihre Katze mit in ein Hotel nehmen, erkundigen Sie sich vorher, ob diese Begleitung erwünscht ist. Nicht alle Hotels und Pensionen sind bereit, eine Katze aufzunehmen.

Bei Auslandsreisen ist es nicht immer möglich, die Katze mitzunehmen, allein wegen der Quarantänebestimmungen. England, Schweden, Finnland und Norwegen schreiben so lange Quarantäne für einreisende Tiere vor, daß man für einen Urlaub damit gar nichts anfangen kann. Fragen Sie im

Reisebüro oder auf dem zuständigen Konsulat des jeweiligen Landes nach den genauen Bestimmungen. Vom Amtstierarzt bescheinigte Schutzimpfungen sind auf jeden Fall erforderlich. Auch wenn Sie die Katze in eine Pension geben, muß sie schutzgeimpft gegen Katzenseuche, manchmal auch gegen Tollwut, sein.

Fluggesellschaften und Reedereien haben ebenfalls unterschiedliche Vorschriften über das Mitführen von Heimtieren. Alle diese Fragen müssen geklärt sein, ehe gebucht wird. Kranke oder trächtige Katzen sollte man den Strapazen einer Reise nicht aussetzen. Reisekrankheit kommt auch bei Katzen vor. Gehört Ihre Katze zu den nervösen, magenempfindlichen Tieren, lassen Sie sich vom Tierarzt ein Medikament geben, damit sie die Reise gut übersteht.

Während der Fahrt gehört die Katze auf kurzen Strecken in eine Tragetasche, auf längeren Reisen ist ein Korb angebrachter. Um die Katze an das Behältnis zu gewöhnen, stellen Sie es einige Tage vor Reiseantritt in das Zimmer. Aus Neugier inspiziert die Katze garantiert das unbekannte Ding und wird auf diese Art schnell vertraut damit. Geht die Fahrt dann los, stört es das Tier nicht weiter, wenn es „einsteigen" muß. Manche Katzen sind regelrechte Reise-Fans. Kater Moritz, von dem ich Ihnen schon erzählte, stand zum Beispiel sofort parat, wenn er nur ahnte, daß Herrchen oder Frauchen sich mit Fahrabsichten trugen. Autofahren gehörte zu seinen Wonnen, von denen er nicht genug bekommen konnte. Unterwegs muß unsere Freundin die Möglichkeit zum Herausschauen aus ihrem Korb haben, sonst ist sie unglücklich. Die Fenster im Auto bleiben geschlossen, denn Zugluft würde der Katze schaden. Nur bei der Rast, wenn die Menschen aussteigen und die Katze im Auto bleiben soll, wird das Fenster einen Spalt geöffnet, damit frische Luft hereinkommt. Lassen Sie Ihr Auto mit der Katze nicht in der prallen Sonne stehen, wenn Sie Pause machen. Darf Mieze mit nach draußen, so muß sie unbedingt angeleint sein. Verlassen Sie sich bitte nicht darauf, daß sie bisher noch nie ausgerissen ist. Einmal kann nur das erste Mal sein – und das ist genau einmal zuviel.

Gefüttert wird die Katze drei Stunden vor Antritt der Reise zum letzten Mal und auch da bekommt sie nichts, was stark belastet. Unterwegs bieten Sie dem Tier alle zwei Stunden zu trinken an. Als feste Nahrung Trockenfutter oder mal ein Appetitstäbchen zum Knabbern. Katzen führen sich auf Reisen selten „verfressen" auf. Sie sind von dem ganzen Unternehmen viel zu sehr beeindruckt und aufgeregt. Was gibt es da nicht alles zu sehen, zu hören, zu riechen!

Wenn Sie ins Ausland fahren, nehmen Sie am besten ausreichend Dosenfutter für die ganze Zeit mit. Man bekommt Dosenfutter zwar auch in vielen anderen europäischen Ländern, doch zum Teil unter anderer Bezeichnung. Für die Toilette nehmen Sie vielleicht noch ein desinfizierendes Spray mit. Natürlich kann man mit der Katze auch im Zelt oder Wohnwagen Ferien machen. Dazu braucht man wenigstens keine Genehmigung zum Mitbringen. Hier bietet sich ein Katzenzwinger als gute Lösung an: die Katze ist an der frischen Luft und kann doch nicht entweichen. Pralle Sonne ist beim Aufstellen des Zwingers zu vermeiden. Lassen Sie die Katze aber nicht zu lange in dem Käfig, wenn sie es nicht gewohnt ist. Gut ist es wieder, wenn das Tier leinenführig ist und auch mal spazierengehen kann.

## Frau Katze wird Mama

Auch wenn man nicht unbedingt züchten will, entscheiden sich viele Katzenbesitzer dafür, ihre Kätzin wenigstens einmal decken zu lassen, um das Erlebnis der Geburt und der ersten Entwicklung der Kleinen kennenzulernen.

Über den künftigen Vater haben wir bereits gesprochen und gesagt, daß man sich rechtzeitig um so ein seltenes männliches Exemplar kümmern muß. Sie wissen – erste Anzeichen der Rolligkeit bei Ihrer Schönen, Griff zum Telefon und anmelden: Hochzeitsvorbereitungen treffen, Braut und ich kommen! Katzen kommen in der Regel zum Deckkater, nicht umgekehrt. Ist es aus irgendwelchen Gründen einmal notwendig, daß ER zu IHR fährt, müssen die Tiere ausreichend Gelegenheit zum Kennenlernen haben, am besten erst Sichtkontakt aufnehmen lassen und dann bei der Begegnung darauf achten, daß die beiden sich verstehen.

Ob der Deckakt erfolgreich verlaufen ist, läßt sich so schnell nicht sagen. Die Rolligkeit der Katze hört nicht im gleichen Moment auf, in dem sie aufgenommen hat, sondern verläuft genau wie sonst über den Zeitraum einer Woche etwa. Nach vier Wochen kann man feststellen, ob die Katze Mutter wird. Langsam rundet sich dann der schlanke Körper, die Zitzen färben sich intensiver und werden fester. Vom Decken bis zur Geburt der Jungen vergehen rund neun Wochen. Die Tragezeiten variieren bei den einzelnen Rassen auch leicht. Ab der fünften Woche kann man die zarten Bewegungen der kleinen Kätzchen fühlen. Die werdende Katzenmutter darf jetzt keine großen Sprünge mehr machen, das würde ihr und dem Nachwuchs schlecht bekommen. Aber die Trächtigkeit ist keine Krankheit. Trotzdem ist es ratsam, die Katze dem Tierarzt vorzustellen.

Die Katze entwickelt meist während der Schwangerschaft guten Appetit. Nun wäre es falsch, die Nahrungsmenge dra-

Abb. 13 Mutterglück im Katzenkorb. Es dürfte sich hier um den ersten Wurf von Somalikatzen in der Bundesrepublik handeln. (Im Besitz von Evelyn Liebhardt)

stisch zu erhöhen, steigern Sie die Qualität, das ist besser. Zusätzlich bekommt die Katze ein Kalk-Präparat wie Calciphos und Vitamintropfen (bella-bon).

Was die werdende Mutter jetzt zuviel frißt, setzt sich als Fettpolster fest und vergeht auch nach der Geburt nicht von selbst wieder. Der höhere Gehalt der Nahrung dagegen kommt den Ungeborenen zu gute und darauf kommt es an. Geben Sie öfters kleine Mahlzeiten. Wenn etwas besonderes zu beachten ist, sagt Ihnen das der Tierarzt, der Ihre Katze ja genau kennt.

Steht fest, daß Nachwuchs zu erwarten ist, richten Sie für die Familie in spe ein Wurflager. Je eher es vorhanden ist, desto leichter gewöhnt sich die Katze daran. Eine Garantie, daß sie es wirklich benutzt, haben Sie allerdings nicht. Ich kenne Katzen, die brachten ihre Kleinen im Wäschefach des Schrankes zur Welt oder auf dem Bett ihres Herrchens. (In beiden Fällen wurde die Familie nach der Geburt aber auf dem schnellsten Weg in das Wurflager transportiert.) Als Wurflager eignet sich eine stabile Kiste oder ein fester Pappkarton mit einem ca. 20 cm hohen Rand. Kiste oder Karton müssen so groß sein, daß sich die Katze bequem darin ausstrecken kann und später mit ihren Kindern genügend Platz hat. Es muß aber auch möglich sein, daß sich die Katze während der Geburt mit dem Rücken und den Pfoten abstemmen oder anlehnen kann.

Zu weich gepolstert sollte das Wurflager nicht sein. Eine alte Matratze aus einem Puppenwagen oder Puppenbett ist praktisch. Darüber kommt eine dicke Schicht Zeitungspapier und den Abschluß bilden frischgewaschene Handtücher (keine Frottiertücher) oder andere saubere Wäschestücke, die nicht fusseln. Alles, in das sich die Kleinen mit ihren Krällchen verhaken könnten, ist ungeeignet. Über die Matratze kommt ebenfalls ein sauberes Leintuch. Sind die Katzenbabys auf der Welt und die Mutter verläßt für einen Moment das Lager, um zum Klo zu gehen, kann man mit wenigen Handgriffen, die obere Lage Stoff samt Zeitungen herausnehmen und das Lager ist wieder sauber und trocken. So lange die Katze mit ihren Kindern das Wurflager bewohnt, muß man immer darauf achten, daß es reinlich ist. Findet die junge Mama, nun sei es nicht mehr einwandfrei, so müssen Sie damit rechnen, daß sie den gesamten Nachwuchs an einen anderen Platz verschleppt, den sie für besser hält. So ein Umzug kann auch geschehen, wenn die Katzenfamilie nicht genug Ruhe hat.

Anzeichen für die bevorstehende Geburt sind das unruhige Umherlaufen der Katze, sie geht oft zur Toilette, besucht zwischendurch das Wurflager, maunzt und will nichts fressen. Bleiben Sie jetzt bei Ihrer Katze. Katzen können die Geburt ihrer Kinder regelrecht zurückhalten, bis der Mensch, der ihnen am nächsten steht, bei ihnen ist. Sobald das Fruchtwasser abgeht, hat die Geburt begonnen. Spätestens 20 Minuten nach dem Abgehen des Fruchtwassers muß die Geburt voll im Gang sein, sonst rufen Sie den Tierarzt an. (Es ist selbstverständlich nur dummes Gerede, daß Siamkatzen ihre Kleinen immer mit Kaiserschnitt zur Welt bringen!)

Allgemein machen die Katzenmütter instinktiv alles richtig, was mit dem Zurweltkommen ihrer Jungen zu tun hat. Helfen muß der Mensch, wenn eine Erstgebärende zum Beispiel ihr Kleines nicht aus der Fruchthülle befreit. In diesem Fall gehört auch das vorsichtige Abnabeln (mit einer desinfizierten Schere, die auf jeden Fall bereit liegen sollte) zu den menschlichen Aufgaben. Das Kleine muß dann von seinem menschlichen Geburtshelfer behutsam trockengerieben werden, bis es das Mäulchen zum ersten Mauzen öffnet.

Dann bekommt die Mutter ihr Kind, halten Sie es noch in der Hand, bis die Katze anfängt, den Neuling zu lecken. Dann ist alles gut. Die Nachgeburt wird von den Katzen aufgefressen. Zählen Sie bitte nach, ob für jedes Baby eine Nachgeburt erschienen ist. Nur wenn die Gebärmutter alles ausgestoßen hat, kann die Geburt als glücklich beendet angesehen werden, andernfalls muß der Arzt Bescheid erhalten. Wie lange die Geburt dauert, ist sehr unterschiedlich. Einmal hängt es natürlich davon ab, wieviele Junge das Tageslicht erblicken, zum anderen liegt es ganz einfach am Muttertier. In ein, zwei Stunden kann alles vorüber sein, es kann aber auch ein ganzer Tag benötigt werden, ehe sämtliche Kinderchen im Nest liegen. Beobachten Sie Ihre Katze – so lange ihre Augen klar sind und sie selbst lebhaft ist, verläuft alles normal. Werden die Augen trüb und verhält sich die Katze apathisch, rufen Sie den Tierarzt an.

Sie können Ihrer Katze bei der Geburt helfen, zunächst allein schon durch Ihre beruhigende Gegenwart und das liebevolle Zureden. Weiter können Sie den Rücken über den Flanken umfassen und bei Einsetzen der Wehen leichten Druck ausüben. Das Wichtigste aber ist Ihre Zuwendung.

Hat unsere Katze alle Kleinen trocken und sauber im Lager, so ist sie zufrieden. Die winzigen Dingerchen finden augenblicklich die mütterliche Milchquelle. In den ersten 24 Stunden sind sie voll mit Trinken und Schlafen beschäftigt. Mit den zarten Pfötchen bearbeiten sie rhythmisch die Umgebung der mütterlichen Zitzen, das regt den Milchfluß an. Liegen Mutter und Kinderchen schnurrend und saugend da, ist der Milchfluß in Ordnung. Steht die Katze zwischendurch auf, verläßt sie das Wurflager, ohne auf die Toilette zu müssen, ist sie weiter unruhig, so prüfen Sie durch leichten Druck, ob die Milch fließt.

Hat die Mutter keine Milch oder reicht diese nicht aus, müssen die Kleinen mit Hilfe einer Tropfpipette, nach ein paar Tagen mit einem kleinen Fläschchen mit Spezialsauger (gibt es im Fachhandel), zusätzlich ernährt werden. Am besten geeignet ist cat-milk, die für die Bedürfnisse der Katzen entwickelt wurde. Alle paar Stunden brauchen die Jungen Nahrung in Körpertemperatur. Muß man ein Katzenbaby allein mit der Flasche großziehen, gibt es in der ersten Zeit auch nachts keine Pause im Füttern. Nach dem Trinken muß man das Bäuchlein vorsichtig massieren, um das Ausscheiden der Exkremente anzuregen.

Doch zurück zur normalen Geburt mit stolzer Katzenmama und gesunden Babys. In den ersten Tagen verläßt die Mutter das Lager höchst selten. Stellen Sie ihre Toilette möglichst in die Nähe, damit sie sich gar nicht weit von ihren Kindern entfernen muß. Es gibt kaum etwas Rührenderes als diesen Anblick: Die zärtliche stolze Mutter mit sich und der Welt zufrieden, weil ihre winzigen Kinder selig nuckelnd bei ihr liegen. Fremden Besuch mögen Katzenmütter nicht sonderlich. Sie wollen ihre Ruhe haben – das ist für sie selbst und die Sprößlinge am besten.

Da die Katze wie gesagt fast nur bei ihren Kindern bleibt, muß ihr Mensch für ihre Ernährung „im Bett" sorgen. Reichen Sie ihr vor allem auch zu trinken. Cat-milk, Eigelb, etwas Schabefleisch, ein wenig Quark, Traubenzucker oder ein paar Happen von ihrem Lieblingsmenu aus der Dose sind jetzt richtig. Auf jeden Fall braucht eine säugende Katze reichhaltige Nahrung und zusätzlich Vitamintropfen (bellabon oder Fellkur-Tropfen). Der Milchfluß regelt sich bei Katzen normalerweise von Natur aus, so daß sie immer für so viele Kätzchen genug hat, wie an ihren Zitzen saugen.

Die Jungen kommen blind zur Welt, Zähnchen haben sie noch nicht, die kommen in der vierten bis fünften Lebenswoche. Zwischen dem zehnten und zwölften Tag öffnen sich die Augen, die bei allen Katzenbabys blau sind. Bei den Siamesen bleiben sie blau. In der dritten Woche wackeln die Kleinen schon auf ihren Beinchen im Korb umher und wollen auch mal spielen. Wozu haben Geschwister und Mutter wohl sonst Schwänze? Bald versuchen sie, über den Rand des Lagers wegzukrabbeln. Das gelingt ihnen allerdings erst, wenn es die Frau Mama erlaubt. Ist sie der Meinung, die Kinder gehören noch nicht in die große Welt, zieht sie sie energisch wieder herein. Gewaschen und geputzt werden die Jungen, als wenn sie ständig auf Sonntagsnachmittagsbesuch gehen sollten. Dabei beißen die Siamesen-Mütter gern Ihren Kindern die Barthaare ab, die aber nachwachsen.

Ab wann zugefüttert werden muß, richtet sich nach der Größe des Wurfes und nach dem Befinden der Mutterkatze. Haben zarte Mütter große Würfe, so sollte man schon ab der vierten Woche versuchen, den Kätzchen außer der Muttermilch etwas andere Nahrung anzubieten. Ist die Mutterkatze in der Lage, ihren Nachwuchs bis zur fünften Woche voll zu ernähren, ohne selbst zu sehr abzubauen, ist es nach Professor Leyhausen mehr zu empfehlen, mit dem Zufüttern diese Woche noch abzuwarten. Den kleinen Kätzchen kann man winzige Schabefleischhäppchen (richtig temperiert müssen sie sein) von der Seite in das kleine Schnäuzchen schieben. Hat das Kleine Hunger, schluckt es brav, sonst kommt der Happen eventuell an der anderen Seite wieder heraus. Babynahrung aus dem Glas darf auch als Anfangszusatz gegeben werden.

Einen dünnflüssigen Brei aus Nestle-Kindernahrung und Wasser mögen die Winzlinge meist gern. Sie können ihn auch der Katzenmutter anbieten, die davon ein bißchen schlecken möchte. Um das Baby an den Brei zu gewöhnen, tauchen Sie bitte nicht die Katzenschnute in den Brei – damit würden Sie die kleine Handvoll nur erschrecken. Danach ginge die Miniatur-Katze bestimmt nicht mehr an den gefährlichen Teller! Tunken Sie Ihren Finger in den Brei und lassen Sie das Katzenkind den Finger ablecken. Ist es erst auf den Geschmack gekommen, tauchen Sie den Finger wieder ein und nähern ihn dabei immer mehr dem Breischüsselchen. Zuletzt sind Finger und Brei gemeinsam im Napf und das Kätzchen stellt fest, daß man tatsächlich auch direkt aus einem Gefäß futtern kann. Wundern Sie sich nicht, wenn dabei auch zufällig mal die Vorderpfötchen mit eingetaucht werden, im Eifer des Gefechts ist so etwas schon möglich. Und schließlich müssen alle kleinen Geschöpfe – ob Mensch oder Tier – alles auf dieser Welt erst lernen, auch unsere Kätzchen.

Die Zufütterung erfolgt ab der sechsten Woche je sechsmal mit zwei Stunden Abstand. Ich brauche nicht zu betonen, daß es jedesmal nur Mini-Portiönchen sind, die dem Katzenkindermagen entsprechen.

So lange die Kleinen bei der Mutter im Lager sind, sorgt diese dafür, daß die Ausscheidungen immer gleich verschwinden. Bewegt sich das Kleinvolk jedoch außerhalb dieser Grenzen, so muß es ein eigenes Klo haben. Meist sind die „richtigen“ Toiletten noch zu hoch für die Minimaße der Kätzchen, deshalb nimmt man besser zunächst eine flache Kunststoffschale für die Katzenstreu. Kippeln soll diese Schale aber auf keinen Fall. Mit dem Stubenreinwerden hat der Mensch keine Sorge, wenn die Katzenmutter da ist. Sie erzieht ihre Kinder allein dazu. Überhaupt erzieht sie die Kleinen, zwar liebevoll und sehr besorgt, aber auch mit Nachdruck, wenn's sein muß. Von antiautoritärer Methode halten Katzen jedenfalls herzlich wenig.

Nach sechs Wochen erhalten die Katzenmütter wieder normale Verpflegung, da sie jetzt ja nicht mehr so viel stillen müssen. Mästen will niemand seine Katze und deswegen wird jetzt wieder „ernährungsbewußt" gelebt.

Wichtig ist es, bei den jungen Katzen die Impftermine gegen Katzenseuche einzuhalten und sie entwurmen zu lassen.

Wurde eine frei laufende Katze Mutter, so empfehle ich allen Besitzern dringend, sich für den Notfall ein Saugfläschchen mit winzigem Sauger und cat-milk anzuschaffen. Ich habe es erlebt, daß „Munsche", die schwarzweiße Mama des Katerkindes „Bingo", drei volle Tage wegblieb, als ihr Söhnchen erst etwa 14 Tage alt war. „Bingo" machte mich mit kläglichem Fiepen auf sein Magenknurren aufmerksam, es war an einem Sonntagmorgen, natürlich alle Läden geschlossen. In einer dienstbereiten Apotheke bekam ich endlich eine Tropfpipette und Kindermilchpulver, so daß ich den Kleinen füttern konnte. Bei mutterlosen Kätzchen muß auch an die Warmhaltung gedacht werden, eine nicht zu heiße Wärmflasche in Decken gewickelt tut gute Dienste, eventuell kann man den Korb auch mit einer Wolldecke abdecken, aber so, daß noch genug Luft hereinkommt.

Als erste Ernährungsvorschläge können für die jungen Kätzchen die Tips gelten, die ich im Kapitel über gesunde Katzen-Ernährung gegeben habe.

Die Katzenmutter hat nichts dagegen, wenn sich ihre Menschenfamilie um ihren Nachwuchs kümmert. Das heißt natürlich nicht, daß man die Babys dauernd umherschleppen soll. Aber wenn die Kleinen erst einmal aus dem Wurflager heraus sind und in der Wohnung auf Abenteuer aus gehen, sollte man sich mit ihnen beschäftigen. Durch die frühe Mensch-Tier-Beziehung werden die Kätzchen zutraulich und an den Menschen gewöhnt. Das prägt ihr späteres Verhalten stark.

## Hier droht der Katze Gefahr

Frei laufende Katzen sind von allen möglichen Gefahren bedroht: Von den Autos, von Hunden, die Jagd auf Katzen machen, von Jägern, die Katzen abschießen, wenn sie mehr als 200 m von Wohnungen entfernt sind, und sogar von vergifteten Mäusen, die sie fressen und dann nach dem Genuß erkranken. Zeigt Ihre Katze Vergiftungserscheinungen (s. Kapitel über Katzenkrankheiten), so kann das durchaus daran liegen, daß sie eine giftige Maus gefressen hat. Gehen Sie gleich mit ihr zum Tierarzt, denn hier tut Eile not.

Doch auch im Haushalt droht Gefahr, an die wir oft gar nicht denken. Da ist zum Beispiel der bunte Blumenstrauß auf dem Tisch, der vielleicht Nelken enthält oder Maiglöckchen. Beide sind gefährlich für die Katze, ebenso alle Wolfsmilch-Gewächse, Schneeglöckchen, Hyazinthen, Geranien, Krokusse, Primeln, Philodendron, einige Farne und noch andere Blumen und Grünpflanzen, zum Beispiel alle, die ätherische Öle enthalten. Selbst Trockengestecke können gefährlich werden. Die neugierigen Katzen gehen gern an Pflanzen und knabbern auch daran. Der Erfolg kann eine handfeste Vergiftung sein. Der Katzenbesitzer sollte deshalb aus Rücksicht auf seine zärtliche Hausgenossin auf diesen gefährlichen Zimmerschmuck verzichten oder ihn so stellen, daß die Katze nicht daran kann.

Die Neugier wird Katzen oftmals zum Verhängnis. So lokken offenstehende Schubladen oder Schranktüren genauso zum Hineinkrabbeln wie offene Waschmaschinen. Sie kuscheln sich darin zusammen und halten ein Schläfchen, das im bittersten Fall ihr letztes werden kann. Besonders sind natürlich Jungtiere bedroht.

Chemikalien, die wir im Haushalt haben, bilden eine weitere Gefahrenquelle (Putzmittel, Frostschutzmittel für's Auto, Unkraut- und Insektenbekämpfungsmittel usw.).

Erkälten können sich Tiere auf dem kalten Steinfußboden des Balkons, besonders die Jungen. Geht Ihre Katze auf den Balkon, so braucht sie in der kalten Jahreszeit eine warme Unterlage, auf die sie sich setzen kann. Einen Balkon sollte man grundsätzlich mit einem feinen Drahtgitter sichern, ehe die Katze ihn benutzen darf. So wird verhindert, daß sie eventuell bei einem Sprung nach einem vorübergaukelnden Schmetterling über die Brüstung fällt. Das Sprichwort von der Katze, die immer auf die Füße fällt, stimmt leider nicht, das wissen vor allem die Tierärzte sehr genau. Ein geöffnetes Kippfenster kann zur Todesfalle für die Katze werden, ebenso die auf Kipp gestellte Balkon- oder Terrassentür. Einer der Lieblingsplätze unserer Katzen ist das Fensterbrett. dort können sie stundenlang sitzen und interessiert hinausschauen. Achten Sie deshalb darauf, daß die Fenster immer richtig geschlossen sind. Eine besondere Sicherung für Dachfenster gibt es von Velux.

Im Badezimmer kann die gefüllte Wanne Gefahr bringen. Die neugierigen Katzen machen vielleicht einen Erkundungsgang auf dem Wannenrand, rutschen ab, weil er so glatt ist, und ertrinken.

Selbst beim Katzenspielzeug muß man aufpassen, daß es nichts ist, was die Katze zerbeißen und sich dann an den Splittern verletzen kann.

## Die Katze ist krank – was nun?

Auch Katzen können krank werden, nur können sie es uns nicht erzählen, wenn ihnen etwas weh tut oder sie sich elend fühlen. Da müssen wir Menschen schon aufpassen und reagieren, wenn sich Veränderungen im Verhalten oder Aussehen unserer Katze zeigen. Die sprichwörtliche Zähigkeit der Katze ist leider nur eine Sage, denn bei Infektionskrankheiten hat eine Katze nicht viel Widerstandskraft. Ein wichtiges Symptom für Krankheit sind trübe Augen, Bewegungsunlust, Apathie, glanzloses struppiges Fell. Oft ist das Näschen heiß und trocken, allerdings haben Katzen direkt nach dem Aufwachen auch eine trockene, jedoch nicht heiße Nase.

Fieber spüren Sie beim Tier, wenn das Köpfchen heiß ist. Die normale Körpertemperatur einer Katze liegt bei 38,5°C. Gehört Ihre Mieze zu der sanftmütigen Sorte, können Sie versuchen, bei ihr Fieber zu messen. Das geschieht mit einem gut eingefetteten Thermometer im After. Sträubt sich die Katze stark dagegen, lassen Sie besser von Ihrem Plan ab, denn Sie würden nur falsche Meßwerte erhalten. Bei der aufgeregten Katze stiege die Temperatur nur unnötig an. Mittel aus der Humanmedizin darf man Katzen grundsätzlich nicht geben. Manche Medikamente haben eine vollkommen entgegengesetzte Wirkung wie beim Menschen, sie können den Zustand verschlimmern. Der Tierarzt wird Ihnen vielleicht etwas aus der Kindermedizin verschreiben, doch das sind dann Präparate, die für das Tier geeignet sind – vor allem die richtige Dosierung beachten. Selbst äußerliche Anwendung von Medikamenten aus der Hausapotheke ist nicht ratsam.

Die schwerste Krankheit, die unseren Lieblingen droht, ist die Katzenseuche. Lassen Sie Ihre Katze bereits als Jungtier dagegen impfen. Auch Wohnungskatzen, die nie nach draußen kommen, müssen diesen Schutz erhalten, denn die Erreger werden mit den Schuhen hereingetragen und können das

Tier infizieren. Ab der neunten Woche können Katzenkinder geimpft werden, zwei Wochen später gibt es eine Wiederholung. Nach ein bzw. zwei Jahren muß die Impfung aufgefrischt werden. Neuerdings gibt es eine Kombination der Schutzimpfung gegen Katzenseuche und Tollwut. Eine Tollwut-Impfung ist erforderlich, wenn die Katze nach draußen Auslauf hat. Tollwut ist für den Menschen ebenso gefährlich wie für das Tier und übertragbar. Eine weitere Schutzimpfung gibt es gegen Katzenschnupfen. Über die Wirksamkeit gehen die Meinungen auseinander. Manche Tierärzte meinen, einen guten Schutz könne man damit nicht erreichen, da es zuviele unterschiedliche Erregerstämme gibt.

Würmer sind bei Katzen nicht selten (auch bei Wohnungskatzen nicht). Lassen Sie regelmäßig Kotproben vom Tierarzt untersuchen, es gibt verschiedene Wurmarten, die auch mit verschiedenen Mitteln behandelt werden müssen.

Anzeichen für eine akute Vergiftung sind Erbrechen (nicht immer), Durchfall, Futterverweigerung, hohes Fieber, großer Durst und trotzdem Verweigern des Getränks wegen des Brechreizes, allgemeine Mattigkeit, manchmal Krämpfe. Hier gibt es nur eins: Sofort zum Tierarzt. Überlegen Sie, was die Katze gefressen haben könnte, falls es sich um Chemikalien oder Pflanzen handelt, nehmen Sie eine Probe mit, damit der Arzt gleich Bescheid weiß.

Schorf, Ekzeme und Haarausfall müssen ebenfalls vom Fachmann behandelt werden. Manche Hautkrankheiten sind auf den Menschen übertragbar. Halten Sie Kinder (und auch andere Haustiere) von der erkrankten Katze fern, bis Sie wissen, daß sie nicht ansteckt. Nach dem Berühren des Tieres die Hände in desinfizierender Lösung waschen.

Manche Erkrankung hat ihre Ursache in falscher Ernährung. Ein Zuviel kann da ebenso Schaden anrichten wie ein Zuwenig. GIMPET-Malt-Verdauungshilfe ist ein Vorbeugungsmittel gegen Verstopfung, trockenen Husten und hilft beim Verdauen von Ballaststoffen wie verschluckten Haaren.

Erbrechen ist kein Krankheitssymptom, wenn nur das eben aufgenommene Futter erbrochen wird oder Haarballen ausgewürgt werden. Bei mehrmaligem Erbrechen in kurzen Abständen oder wenn Blut im Erbrochenen zu sehen ist, wenn es von schaumiger oder schleimiger Konsistenz ist, haben wir es mit einem kranken Tier zu tun. Bitte, spielen Sie nicht selbst den Doktor. Bei der sensiblen und empfindlichen Katze hat das keinen Sinn. Die Aussicht auf schnelle Genesung ist nur gegeben, wenn Sie den Besuch beim Tierarzt nicht unnötig lange hinausschieben.

Hat eine Kätzin blutigen Ausfluß aus der Scheide, weist das auf eine schwere Nierenbeckenentzündung hin, die sofort ärztlich behandelt werden muß. Ausfluß generell, der mit Schwankungen in der Körpertemperatur verbunden ist, deutet auf eine Gebärmutterentzündung.

Erkältungen dürfen bei Katzen nicht auf die leichte Schulter genommen werden. Niesen, Husten, tränende Augen, allgemeine Apathie, Spielunlust, Appetitlosigkeit, Fieber – das sind alles Alarmzeichen. Bei Katzen-Erkältungen droht im Hintergrund die Gefahr einer Lungenentzündung.

Durchfall kann etwa von Kuhmilch herrühren, die wegen des Laktosegehaltes nicht vertragen wurde. Rohe Leber verursacht in größeren Mengen ebenfalls Durchfall. Setzen Sie Milch und Milchprodukte ab, füttern Sie etwas gekochte Leber (sie stopft). Als Getränk bekommt die Katze dünnen schwarzen Tee. Hält die Störung länger als zwei Tage an, sollte der Weg zum Tierarzt führen.

Verstopfung liegt nicht gleich vor, wenn die Katze einen Tag ohne großes Geschäft vergehen ließ. Prüfen Sie vor allem, ob die Katzentoilette einwandfrei sauber ist! Vielleicht muß die Katze und mag nur nicht auf ihr Klo gehen? Sorgen Sie für ordentlich Bewegung der Katze, spielen Sie mit ihr, so daß sie laufen und springen muß. Ein Bindfaden durch's Zimmer gezogen, ein kleiner Ball, nach dem sie jagen muß – das ist genau richtig. Liebend gern spielen Katzen auch mit einem leeren Karton, den Sie attraktiv rot mit Plakafarbe bemalt haben. Notfalls aromatisieren Sie das Spielzeug noch mit Spielspray. Abführend wirkt ein halber Teelöffel Paraffin-Öl. Tut sich trotzdem nichts im Inneren der Katze, holen Sie ärztlichen Rat ein.

Bei Appetitlosigkeit ohne weitere Symptome testen Sie erst einmal, ob die Dame Katze wirklich nichts mag oder ob sie lediglich ein bestimmtes Futter nicht möchte. Es schadet nichts, wenn sie einen Tag mal nichts frißt und dann mit neuem Appetit an den Futternapf zurückkehrt. Katzen sind so vernünftig, daß sie manchmal einen Fastentag einlegen. Verweigert sie aber länger die Nahrungsaufnahme, gehört sie in ärztliche Behandlung. Wichtig ist, daß sie täglich trinkt.

Auch die vornehmste Katze kann einmal einen Floh bekommen. Das ist wirklich kein Unglück. Mit Kitty-ex, einem Anti-Floh-Spray, können Sie dem ungebetenen Gast zu Leibe rücken. Katzen dürfen nur mit Mitteln behandelt werden, die speziell für sie entwickelt wurden. Nach der Behandlung kann man das Fell noch so sorgsam ausbürsten, Reste bleiben stets zurück, die dann beim Putzen mit abgeleckt werden. Falsche Puder oder Sprays können zu Vergiftungen führen. Vorbeugend können Sie der frei laufenden Katze ein Anti-Ungeziefer-Halsband umbinden. Auch Zecken werden damit unschädlich gemacht.

Auf Milbenbefall können Sie schließen, wenn Ihre Katze häufig den Kopf schüttelt, sich an den Ohren kratzt oder die Ohren im Innern einen dunklen Belag zeigen.

Hat Ihnen der Tierarzt etwas für Ihren kleinen Patienten verschrieben, so ist es damit nicht getan, schließlich muß das Medikament ja eingenommen werden, wenn es helfen soll. Katzen mögen das aber nicht. Tropfen kann man unter das Lieblingsfutter mischen, aber so, daß es nicht durchschmeckt. Sie können die Tropfen auch auf ein Pfötchen träufeln, von dem es die Katze entrüstet ableckt. Mit Saft können Sie ebenso verfahren.

Tabletten werden entweder zwischen zwei Blatt Papier zu Pulver zerdrückt (Teigrolle, Fleischklopfer), so daß sie unter besonders begehrtes Futter gemischt werden können, oder sie werden dem Tier weit hinten auf die Zungenwurzel gelegt. Schnute zuhalten und leicht über die Kehle streichen, bis die Tablette geschluckt wird.

Katzen, die richtig ernährt werden – zum Beispiel mit Fertigfutter – und gut gepflegt sind, erkranken nicht so leicht. Doch wenn es einmal der Fall sein sollte, bleiben Sie selbst ruhig. Ihre Katze, mit der Sie so vertraut sind, merkt gleich, wenn Sie sich aufregen. Behandeln Sie sie doppelt liebevoll, schützen Sie sie vor Zugluft und halten Sie sie warm. Wechseln Sie die Streu in der Toilette einmal mehr, desinfizieren Sie zwischendurch. Geben Sie der Patientin die Häppchen, die sie am liebsten mag, und zwar in kleinen Portionen. Kranke Katzen mögen keine Mammutberge an Eßbarem vor sich sehen. Mag die Katze nichts an Nahrung zu sich nehmen, so versuchen Sie doch, ob sie Ihnen vielleicht etwas direkt aus der Hand nimmt. Bei meinen Katzen habe ich damit gute Erfolge gehabt. Manchmal habe ich ihnen, als es sehr schlecht um sie stand, auch das Essen vorgekaut und in kleinen Kügelchen angeboten. Ohne diese Methode wäre eine meiner Katzen, die mit knapp einem Vierteljahr an Nierenbeckenentzündung erkrankte, laut Tierarzt nicht wieder gesund geworden.

Trotz aller Liebe und Pflege wird einmal aber doch der Tag kommen, an den Tierfreunde nicht denken mögen. Ich meine den Augenblick, wenn der Tierarzt ihnen sagt, daß es für Ihre Freundin keine Aussicht auf Genesung mehr gibt. Dann nehmen Sie Ihr Herz in beide Hände, denken Sie an die vielen schönen Stunden, die Sie gemeinsam mit Ihrer Katze verleben durften und treffen Sie die einzig richtige Entscheidung, auf die Ihre Katze durch die Liebe zu Ihnen Anspruch hat: Lassen Sie sie einschläfern.

## Die verschiedenen Kurzhaarkatzen-Rassen

Es gibt eine große Anzahl verschiedener Kurzhaarkatzen-Rassen, die auch unterschiedlichen Typen angehören, nämlich der Schlank- bzw. der Plumpform. Dabei sträubt sich alles in mir, den Ausdruck „plump" in Verbindung mit Katzen zu gebrauchen. Diese eleganten, graziösen Tiere sind alles andere als plump und wenn die fachmännische Bezeichnung für den kompakteren Katzentyp zehnmal so lautet. Man sollte die Bezeichnung „plump" wirklich nur als Unterscheidungsmerkmal gegenüber den sehr zierlichen Katzentypen betrachten. Dabei ist gerade bei den Schlankformen, vor allem bei Siamkatzen, darauf zu achten, daß man nicht eventuell eine überzüchtete Katze kauft, wie sie leider heute gar nicht so selten vorkommt. Diese ganz auf superschlank getrimmten Tiere können nicht mit gutem Gewissen empfohlen werden, da die „Windhundform" auf Kosten einer guten Gesundheit und der Lebenserwartung geht.

**Siamkatzen** sind mittelgroß, sie haben einen geschmeidigen, schlanken Körper. Der Kopf ist schmal und lang, aber gut proportioniert. Das Gesicht wird von den wunderschönen blauen Augen, die weit auseinander stehen, geprägt. Zierlich und lang ist der Hals. Die großen, weit auseinander sitzenden Ohren sind gerade aufgerichtet, als wollte das Tier ständig auf etwas lauschen. Siamkatzen haben einen geraden, langen, zugespitzen „Peitschenschwanz". Die Tiere sind eine harmonische Einheit von Körper, Kopf und Gliedmaßen. Ihr feines, sehr kurzes Fell liegt eng am Körper an und modelliert die feine Muskulatur.

Siamkätzchen werden weiß geboren, die typischen „Abzeichen" entwickeln sich erst später. Die Abzeichen oder „points" sind eine von der allgemeinen Körperfarbe abweichende Fellfärbung an den Ohren, im Gesicht (die „Maske"), an den vier Pfoten und am Schwanz.

Abb. 14 Siamkatzen haben ein sehr interessantes Gesicht

*Siam Sealpoint:* Hellbeige Körperfarbe, die zum Rücken hin in einen warmen Braunton übergeht, die Abzeichen sind tief Schwarzbraun.

*Siam Bluepoint:* Eisfarben-weißer Körper, am Rücken in Blau übergehend, blaue Abzeichen.

*Siam Chocolatepoint:* Elfenbeinfarbener Körper, milchschokoladenbraune Abzeichen.

*Siam Lilacpoint:* Körperfarbe gebrochenes Weiß, Abzeichen rosaschimmerndes Hellgrau.

*Siam Redpoint:* Weißer Körper, Abzeichen Rotgold.

*Siam Creampoint:* Weißer Körper, cremefarbene Abzeichen.

*Siam Tortiepoint* haben schildpattfarbene Abzeichen. Diese Variante gibt es als Seal-, Blue-, Chocolate- und Lilac-Tortie mit den jeweils vorher genannten Körperfarben, die Abzeichen sind Schwarz, Blau, Braun oder Lila mit Rot und/ oder Creme in deutlichem Kontrast.

*Siam Tabbypoint* haben gestreifte Abzeichen.

Siamkatzen haben, ob sie nun Blue- oder Redpoint sind, ein sehr lebhaftes, stark auf ihren Menschen fixiertes Wesen. Sie sind temperamentvoll, zärtlich und intelligent. Diese Katzen brauchen einen Menschen, der sich viel um sie kümmert. Ihre Stimme ist laut und nicht jedermanns Geschmack. Doch für den Siam-Liebhaber macht das charmante Wesen alles wieder wett.

Sehr ähnlich sind den Siamesen die **Orientalisch Kurzhaarkatzen,** sie gleichen ihnen in Gestalt, Kopfform und Wesen erheblich. Die Augen der Orientalisch Kurzhaar sind in allen Grün-Schattierungen zu finden. Diese Katzen sind bis auf Tabby und Schildpatt einfarbig.

Eine echte Schönheit sind die schwarzen Orientalisch Kurzhaarkatzen, die **Ebony.** Ihr glänzendes Fell erinnert an lackschwarze Seide.

**Orientalisch Kurzhaar Blau** haben ein Fell in reinen hell- bis mittelblauen Tönen.

**Havana** heißt die Orientalisch Kurzhaar Braun. Eine aparte Schönheit in herrlichem Kastanienbraun.

Bei der **Orientalisch Kurzhaar Lavender** (auch Lila oder Lavendel) ist das Fell lavendelblau gefärbt mit rosa Schimmer.

**Orientalisch Kurzhaar Weiß** laufen auch als Foreign White. Ihr Fell ist reinweiß ohne jede gelbliche Schattierung.

**Abessinierkatzen** sind die „kleinen Göttinnen“ für den Kenner. Diese anmutigen schlanken Katzen mit dem keilförmigen Kopf und den sehr ausdrucksvollen Augen in Grün, Haselnuß oder Gelb scheinen die Nachkommen jener Katzen zu sein, die in vergangenen Zeiten als Göttinnen angebetet wurden. Sie gleichen in ihren Proportionen Mini-Löwen, gezüchtet werden sie nur in zwei Farbschlägen. Normalfarbige oder wildfarbene Abessinier haben braunrotes Fell, bei Ro-

Abb. 15 Der kastrierte Siamkater „Ricky" ist ständiger Begleiter der beiden Abessinier-Damen Gieremund vom Bayern-Löwen und Anna vom Heimersheimer Berg. Seine Gegenwart wirkt beruhigend auf die Katzen. (Im Besitz von C. und N. Rieger)

ten Abessiniern ist die Farbe ein warmes, tiefes Kupferrot. Im Wesen sind diese Katzen ausgesprochen freundlich und gesellig. Haben sie ihrem Menschen etwas zu sagen, so tun sie das mit sanfter, unaufdringlicher Stimme. Abessinier zählen zu den wenigen Katzenrassen, in die keine Siamesen eingekreuzt wurden.

**Somali-Katzen** sind die „langhaarigen" Schwestern der Abessinier. Ihr in den gleichen Farben (Wildfarben oder Rot) schimmerndes Fell ist sehr dicht, weich, überaus fein und etwa mittellang, an den Schultern fast kurz. Besonders attraktiv sind Katzen mit langbehaarten Schenkeln und einer Halskrause. Somali-Katzen sollen eine reine Mutation sein. Sie sind genau wie die Abessinier voller Interesse an allem, was um sie herum geschieht, lieb und anhänglich.

**Burmakatzen** stammen von der Tonkanesin Wong Mau ab. Erst nach etwa anderthalb Jahren ist eine Burmakatze voll gefärbt. Im Körperbau ähneln die Burmesen der Siam-Katze, sind jedoch etwas kräftiger, der Schwanz ist nicht peitschenförmig. Ihre Ohren sind groß, weit auseinander gesetzt und an den Spitzen leicht abgerundet. Die Nachkommen der Wong Mau, die um 1930 aus Birma nach Amerika gelangte, wurden mit Siamkatzen gekreuzt, so entstand die heute bekannte Rasse. Burmakatzen sind lebhafte, kluge, neugierige Gefährten ihres Menschen.

Burmakatzen gibt es in den Farbvarianten braun, blau, creme und blau-creme. Die Augen sind gelb bis bernsteinfarben, grüne Augen gelten als Fehler.

Aus der Paarung Burmakatzen mit American Shorthair entstand die schwarze **Bombay-Katze,** die bei uns noch recht unbekannt ist.

**Tonkinesen** (auch als Tonkanesen oder Golden Siamese bekannt) sind das Ergebnis der Züchtung aus Burmakatzen und Siamesen. Sie sind mittelgroß, von muskulös-elegantem Körperbau und haben ein eng anliegendes seidiges Fell. Ihre mandelförmigen Augen liegen weit auseinander und sind aquamarinblau. Tonkinesen haben wie die Siamkatzen Abzeichen, auch im Temperament entsprechen sie diesen. Die Katzen können tiefbraun, rötlich-braun, milchkaffeefarben oder zart blaugrau getönt sein, die Points sind jeweils entsprechend der Körperfarbe dunkler.

Aus Thailand stammt die silberblaue **Korat-Katze** mit leuchtend grünen Augen. Eine sehr seltene Katze, die selbst in ihrer Heimat nicht oft vorkommt. Ihr Charakter erinnert an die lebhaften Burmakatzen, sie ist auch ebenso liebevoll. Korat-Katzen zählen zu den mittelschweren Katzen mit kräftigem, muskulösen Körper.

Zur mittelkräftigen Form gehört auch die **Egyptian Mau** in den Farbschlägen Silver oder Bronze. Der Körper zeigt ein Tupfenmuster in Schwarz bzw. Dunkelbraun. Augenfarbe möglichst grün, manchmal auch golden. Augen, Nase und Lippen sind schwarz bzw. dunkelbraun umrandet.

Die **American Shorthair** (amerikanische Kurzhaar) soll zu den ältesten Rassen gehören und bereits mit den ersten Siedlern nach Amerika gekommen sein. Sie ist also im Grund eine echte Europäerin! Eine kräftige, mittelgroße bis große Katze mit vollwangigem Gesicht und runden Augen. Der Schwanz verjüngt sich zur Spitze hin und ist am äußersten Ende abgeflacht. Dichtes, kurzes Fell kann alle bei Katzen vorkommenden Farben haben, auch Tabbyzeichnung.

Die **Russisch Blau-Katze** wirkt am schönsten, wenn ihr dichtes, seidiges Fell mit dem sogenannten „Doppelhaar" rein mittelblau ist. Die Spitzen des Haarkleides schimmern silbrig. Sie hat mandelförmige grüne Augen und große Ohren, die an der Innenseite wenig behaart sind. Diese elegante, graziöse Katze mit dem kurzen, keilförmigen Kopf und den hohen Beinen ist auch unter dem Namen Archangel-Katze bekannt, denn Seeleute sollen die erste dieser Art vor etwa hundert Jahren aus Archangelsk nach Mitteleuropa gebracht haben.

Aus Persern und verschiedenen Kurzhaar-Rassen entstand die **Exotisch Kurzhaar-Katze.** Sie gehört in die Gruppe der Plump-Form wie die langhaarigen Perserkatzen. Man bezeichnet sie auch als „Perserin im Minifell". Dazu trägt in erster Linie der runde Kopf mit der kurzen breiten Nase und den kleinen Ohren bei. Hier sieht uns eine Katze mit dem „Kindchen"-Schema-Gesicht aus großen runden Augen an. Die Stimme dieser Katzen ist zart, ihr Wesen ist lebhaft, aber nicht von dem überschäumenden Temperament einer Siamesin etwa. Eine liebenswerte Hausgenossin, die es in allen Katzen-Farben und -Zeichnungen gibt.

**Rex-Katzen** sind die mit den „Dauerwellen". German und Cornish Rex dürfen in allen Fellfarben vorkommen, Devon Rex sollen nicht zweifarbig sein. Alle drei Varianten sind schlanke, mittelgroße Tiere mit sehr kurzem, weichen welligen Fell ohne Grannenhaare. Auch die Schnurrhaare und Augenbrauen sind gekräuselt. Große, tief angesetzte Ohren, mandelförmige, weit auseinanderstehende Augen und ein langer dünner Schwanz, dicht mit gelocktem bzw. kurzem Haar (bei Devon Rex) besetzt, gehören zum Bild einer Rex-

Abb. 16 Albin vom Country ist ein typischer Vertreter der Devon-Rex-Katzen mit seinem weißen gewellten Fell, den großen Ohren und dem aparten Gesichtchen. Seine Augen sind grün

Katze. Das Fell der German und Cornish Rex ist plüschartig. Die Kopfform ist bei diesen beiden Arten keilförmig, während die Devon Rex vollere Backen und eine kurze Nase mit deutlichem Stop hat. Alle Rex-Varianten sind liebevolle, zärtliche, zutrauliche Katzen, und haben eine melodiöse feine Stimme. Als ich zum ersten Mal eine Rex-Katze hörte, mußte ich unwillkürlich an das silberne Läuten von Weihnachtsglöckchen denken. Das kann man allerdings nicht von den Si-Rex-Katzen behaupten, die von Körperbau und Fell her zur Gruppe der Devon-Rex gehören, aber durch das Einkreuzen von Siamesen die typischen Abzeichen dieser Rasse aufweisen – und die Stimme.

**Hängeohrkatzen** (Scottish Fold) gehören zu den gedrungenen Katzentypen. Das besondere Merkmal sind die kleinen Ohren, die oberhalb der Gehörkapsel nach unten und vorn geneigt sind. Bei Jungtieren kann man das „Hängeohr" noch nicht gut erkennen, erst bei den älteren Katzen wird der Knick deutlich sichtbar. Ein relativ breiter Kopf, volle Wangen, eine kurze Nase, runde, weit geöffnete Augen und ein dichtes, kurzes Fell gehören zur Hängeohrkatze. Alle Farben und Zeichnungen kommen vor. Eine ruhige, angenehme Hausgenossin.

**Manx-Katzen** haben keinen Schwanz, sondern an der Stelle, wo sonst der Schwanz ansetzt, eine leichte Vertiefung. Sie stammen von der Insel Man. Die Meinungen über das Züchten der Manx gehen weit auseinander. Viele Katzenzüchter lehnen es kategorisch ab. Manx-Katzen haben nicht den eleganten Gang ihrer Schwestern, sondern bewegen sich mehr hoppelnd wie Kaninchen. Das Fell ist weich mit reicher Unterwolle, Manx-Katzen kommen in allen Farbschlägen vor. Typisch ist auch der kurze Rücken mit der wie eine Orange gerundeten Kruppe und den tiefen Flanken. Züchter sagten mir, daß die Schwanzlosigkeit ihre Tiere nicht in der Beweglichkeit beeinträchtige, auch nicht beim Springen. Allerdings ist die Zucht sehr problematisch, da die Jungen häufig mit schweren Deformierungen geboren werden und keine Überlebenschance haben. Fremden gegenüber ist die Manx zurückhaltend, bei den ihr vertrauten Menschen soll sie von ausgeglichenem, ruhigem Wesen sein. Ist ein Schwanzansatz vorhanden, handelt es sich um ein Manx stumpy.

Ebenso umstritten ist die **Nacktkatze** (Sphynx). Die erste Katze dieser Art wurde 1966 in Kanada geboren. Der Kopf kann weder als rund noch als keilförmig beurteilt werden, die Augen sind rund und tiefliegend, die Ohren groß. Der feingliedrige Körper ist von einem Flaum bedeckt, die Katze hat keine Schnurrhaare. Es können alle bei Katzen möglichen Farben vorkommen, die Augen sind goldfarben. Der Charakter der Nacktkatze soll sehr sanft sein, die Stimme angenehm und leise. Die Tiere sollen eine weit höhere Körpertemperatur als andere Katzen haben und trotz des Fehlens von Fell von guter Gesundheit und wenig anfällig gegen Krankheiten sein.

Wenig bekannt ist bei uns die **Japanische Stummelschwanzkatze.** Das Urbild ist die Mi-ke-Katze mit jahrhunderte alter Tradition aus dem fernen Inselreich. Diese Katzen haben einen im Winkel nach oben getragenen, verhältnismäßig lang behaarten Schwanz, der in einer Art Quaste endet. Gewünscht werden diese Tiere in allen dreifarbigen Kombinationen, der Körper ist schlank, aber muskulös.

Zuletzt möchte ich Ihnen etwas von den Kurzhaarkatzen erzählen, die wir alle kennen und lieben. Ich meine die **Europäisch Kurzhaar,** zu der im Grunde sämtliche Hauskatzen gehören. Der Unterschied liegt nur darin, daß die Europäisch Kurzhaar-Katzen durch mehrere Generationen gezielt gezüchtet wurden. Dadurch, daß diese Rasse – abgesehen von der blauen Kartäuser – erst seit kurzer Zeit anerkannt ist, haben diese Tiere noch sehr viel von ihren „Ahnen" an Instinktsicherheit, Vitalität und gesunden Nerven. (Bei manchen überzüchteten Rassen ist das leider nicht mehr der Fall.) Europäisch Kurzhaar-Katzen, wie sie heute als Idealtyp ange-

Abb. 17 Unsere Titelschönheit Najade vom Angorahof in ihrem Zuhause bei Anastasia und Lucian Harazim. Den Platz auf dem Fernseher mag sie besonders gern

strebt werden, stammen aus Züchtungen zwischen Hauskatzen und Persern. Sie sind „typische" Katzen voller Eigenwillen, Zärtlichkeit, Schönheit und Intelligenz. Sie haben ein rundes Gesicht mit einer kurzen Nase und großen runden Augen, die aufmerksam dreinschauen. Die kleinen Ohren sind dicht behaart und an den Spitzen gerundet. Die Katzen gehören zum Plump-Typ mit ihrem kräftigen, gut proportionierten Körper und dem kurzen, dicken Schwanz. Das Fell ist kurz und dicht. Es kommen bei der Europäisch Kurzhaar alle Farbschläge aus dem Katzenreich vor. Dreifarbige Katzen gelten als Glücksbringer. Die Augenfarbe paßt jeweils zur Felltönung. Auch Tabby-Zeichnung ist nicht selten.

Eine der schönsten Katzen in dieser Art ist die **Kartäuser** mit dem seidig glänzenden „Fischotterfell" in hell- bis mittelblau. Die verständig blickenden Augen sind gelb, orange oder kupferfarbig. Die Kartäuser haben einen dicken runden

Kopf und einen recht kompakten Körper, der jedoch nicht schwerfällig wirkt. Sie sind sehr sympathische Heimtiere, mögen es gern gemütlich, haben aber auch nichts gegen einen Spaziergang einzuwenden. Wie alle Europäisch Kurzhaar haben die Kartäuser eine angenehm leise Stimme, sie sind nicht aufdringlich, hängen jedoch sehr an ihren Menschen. Sie werden auch als British Blue oder Europäisch Blau bezeichnet.

Die Auswahl an Kurzhaarkatzen ist groß, nicht wahr? An welche Variante Sie Ihr Herz verlieren oder schon verloren haben, ist nicht so wichtig, denn Katzen mit all ihren Vorzügen und kleinen Fehlern sind sie samt und sonders. Es ist reine Geschmacksache, ob man sich mehr zu den sehr grazilen Siamkatzen und den ihnen im Körperbau ähnlichen Schönen hingezogen fühlt oder lieber etwas „mehr Katze" wie die Europäisch Kurzhaar oder eine Exotisch Kurzhaar um sich haben möchte. Dr. Ulla Schultz-Roth (Ullstein-Katzenbuch) hat einmal darüber nachgedacht, welche Katze ihrer Meinung nach zu wem paßt. So ordnete sie etwa die temperamentvolle Siamesin den Menschen mit viel Zeit zu, die Kartäuser denjenigen, die gern spazieren gehen (mit Samtpfötiger!) – und eine Plüschkatze allen, die unbeherrscht sind.

## Ein Kapitel für sich – Wildkatzen

Wildkatzen werden von manchen Menschen als eine Art Status-Symbol angesehen. Denken wir nur an den Gepard an der Leine, der als Haustier gilt. Katzenkenner warnen immer wieder: Wildkatzen sind keine Heimtiere! Sicher, so ein knuddeliges Löwenbaby ist entzückend und man möchte es am liebsten wegtragen. Mir ging es nicht anders, als so ein goldiges lebendiges Kuscheltier voller Hingabe an meinem Daumen saugte – doch wie mag dieses „Kätzchen“ in ein paar Monaten aussehen? Ein junger Raubtier-Dompteur, der mit einer Löwengruppe im Zirkus auftritt, erzählte mir, daß er in fast allen Städten Anrufe von Leuten bekommt, die ihm einen jungen Löwen oder eine andere Raubkatze verkaufen wollen. Einmal kam sogar ein Mann mit einer Einkaufstasche, in der ein vollkommen verschüchtertes, krankes Löwenkind hockte. Diese Menschen haben sich alle einmal von einem Tierbaby zur Anschaffung verleiten lassen und stellen dann nach relativ kurzer Zeit fest, daß sie gar nicht die Möglichkeit haben, eine Wildkatze zu halten.

Ganz abgesehen davon, daß es nicht einfach ist, diese Tiere dahin abzugeben, wo sie artgerecht untergebracht und gehalten werden können, sollte man auch einmal an die Tiere selbst denken. Sie sind auf den Menschen fixiert und es ist für sie eine nur schwer zu verkraftende Umstellung, wenn sie aus dieser Gemeinschaft herausgelöst werden. Gerade Wildkatzen können sich sehr an den Menschen, der sie aufzieht, gewöhnen und hängen an ihm. Werden sie plötzlich abgeschoben, kommt es zu Verhaltensstörungen und Veränderungen im Wesen. Sie kennen ja nicht das Leben mit ihresgleichen und passen deshalb auch nicht in Zoologische Gärten. Ausgewachsene Wildkatzen können aber beim besten Willen und aller Tierliebe nicht im Haus gehalten werden. Der herbe Raubtiergeruch, der durch das Verspritzen des Urins noch erhöht wird, läßt sich nicht vermeiden. Selbst die Zärtlichkeiten können für den Menschen zu „intensiv“ werden, auch wenn die Tiere das gar nicht beabsichtigen.

Die Ernährung einer Wildkatze bietet oft genug ebenfalls Probleme, sie braucht ja auch Frischfleisch oder mal lebende Beutetiere (Mäuse, Meerschweinchen usw.).

Eine Wildkatze, auch wenn es sich um die kleinste Art, die Schwarzfußkatze, handelt, braucht einen eigenen Raum, der gefließt und an den Wänden gekachelt sein muß.

Wenn Sie Wildkatzen sehen wollen, gehen Sie lieber in den Zoo und erfreuen sich dort an der eleganten Geschmeidigkeit der Tiere. So brauchen Sie auch nie ein schlechtes Gewissen einem Tier gegenüber zu haben, das Sie aus seinem eigentlichen Lebensbereich herausgeholt haben und dem Sie nicht annähernd einen Ersatz bieten können.

## Schlußwort

Wenn Sie dieses kleine Buch gelesen haben, wissen Sie hoffentlich etwas mehr über die samtpfötigen Schönheiten, die so viel Freude in unser Leben bringen können. Für mich wäre es die schönste Belohnung, wenn Sie künftig noch mehr Verständnis für diese interessanten, klugen Tiere hätten, für die unsere herzliche Zuwendung lebensnotwendig ist.

Es ist unmöglich, alles über Katzen zu wissen. Je mehr man sich mit ihnen beschäftigt, desto häufiger macht man diese Feststellung. Katzen werden dem, der sie liebt, immer wieder Rätsel aufgeben. Doch wollen wir sie denn überhaupt ergründen? Ist es nicht reizvoller, sie so zu nehmen, wie sie sind – als hinreißende, zärtliche Gefährten, eben als Katzen?

Ich weiß nicht, wo ich diesen Satz einmal gehört habe, den ich nun an Sie weitergeben möchte: Katzen sollte man nicht mit dem Verstand, sondern mit dem Herzen verstehen.

## Wichtige Anschriften

- 1. Deutscher Edelkatzenzüchterverband e.V.(1.DEKZV), Friedrichstr. 46-48, 6200 Wiesbaden

- Vierzehn autonome kleinere Katzenverbände haben sich zusammengeschlossen zum „Verband deutscher autonomer Katzenvereine" – Veda zu erreichen unter der Anschrift der Berliner Pro-Kat e. V., Am Juliusturm 8, 1000 Berlin 70.

- Vereinigung der Katzenfreunde Deutschlands, Deutscher Katzenbund e. V., Sitz Berlin, Knesebeckstraße 77, 1000 Berlin 12

- Verein Deutscher Katzenfreunde e. V., Silberberg 11, 2000 Hamburg 74

Für alle Katzenfreunde zu empfehlen ist **„unsere katze"**, die jeden Monat erscheint. Diese Fachzeitschrift enthält Wissenswertes, Interessantes, Aktuelles – lauter Dinge, die den Katzenhalter und -liebhaber angehen. Zu beziehen im Abonnement beim Albrecht Philler Verlag, Postfach 2860, 4950 Minden.

Vom 1. DEKZV wird die Zeitschrift **„die edelkatze"** herausgegeben, die alle zwei Monate erscheint. Für die Verbandsmitglieder ist sie im Mitgliedsbeitrag eingeschlossen.

## Sachregister